終戦により、兵器の引き渡しを行なう関東軍

(上)昭和20年９月２日、戦艦ミズーリ号での降伏調印式。右から梅津美治郎参謀総長、米陸軍サザーランド中将、マッカーサー元帥。
(下)終戦とともにプロペラをはずされた横須賀海軍航空隊の航空機群

NF文庫
ノンフィクション

新装版

終戦時宰相 鈴木貫太郎

昭和天皇に信頼された海の武人の生涯

小松茂朗

潮書房光人新社

終戦時宰相　鈴木貫太郎――目次

第五章　終戦への道

海軍大将の正装姿の鈴木貫太郎。慶応３年(1867年)、現在の大阪府堺市に生まれる。明治17年、海軍兵学校(14期)入校。日清戦争において水雷攻撃の艇長として参加、戦果を挙げる。大正13年、連合艦隊司令長官、翌14年、軍令部長に就任。昭和４年、侍従長となり、天皇の信頼を得る。昭和11年、二・二六事件で官舎を襲われ、重傷を負う。その後、枢密院議長となる。

二・二六事件で奇跡的に命を長らえた鈴木は、翌昭和12年1月、妻とともに熊野三山への巡礼を行なった。新しい門出とお礼のための参拝であった。

昭和20年4月7日、終戦内閣となる鈴木内閣が発足した。鈴木の右は米内光正海軍大臣、右後方に阿南惟幾陸軍大臣が並ぶ。和平への道を歩みつつ、皇土防衛、国体護持という命題を担った鈴木にとって苦難の日々であった。

終戦時宰相鈴木貫太郎

——昭和天皇に信頼された海の武人の生涯

プロローグ

「私は子供のころ、よく泣いたことを覚えている」と、鈴木貫太郎はその自伝に書いている。あれほど気の強い鈴木が、泣き虫だったというのは面白い。

それも、毎日のように泣いたらしい。しかも、ちょっとやそっとの声ではない。天にも届けとばかり大声で泣きわめくので、とうとう「泣き貫」、あるいは「泣き虫貫ちゃん」というニックネームをもらってしまった。男の子は「泣き貫」と呼び、女の子は「泣き虫貫ちゃん」といったらしい。

その泣き声は、「大工町の土手」といわれている屋敷町からずいぶん遠くの小川堤防まで聞こえるといって笑われた。

母親が用事で家を出ていると、「あれ、また貫ちゃんが泣いてますよ」と、街の人から注意され、お母さんは飛んで帰ったことが幾度もあった。

子供の心理状態は大人とは違う。なぜ泣くのかと問われれば、返事に困る。ただなんとはなしに泣けてくるのであって、なぐられて痛い、といって泣くのとは大いに違う。貫ちゃんは、お母さんの姿が見えないと泣くのである。

子供のころ、兄弟が多いので、よく喧嘩した。それはどこにもあることで、性格が違うので致し方ないが、喧嘩で明け、喧嘩で暮れた。

兄弟喧嘩で泣くと、お母さんは、「そんなに泣くと、川崎へ帰ってしまうよ」と、よくいったものである。

川崎とはお母さんの実家である。だからお母さんは嫌なことがあると、実家へ帰ってしまうから、と言ったものだ。その言葉が貫ちゃんの頭には非常に強く響いていて、ちょっとでも母親の姿が見えないときは、「お母さん、川崎へ行っちゃったのかしら」と、それのみを恐れて泣いたのである。それが泣き虫になった原因のようだ。

話は飛ぶけれど、父が群馬県庁に勤めていたころ、出勤のときに貫ちゃんの弟、鈴木孝雄も、父の後について学校へ行くことがたびたびあった。

その日も学校へ行く途中、父はいった。

「人間は怒るもんじゃない。怒るのは己れの根性が足りないからだ。短気は損気という諺がある。怒ってすることは成功しない。みんな己れの損になることばかりさ」

父のこの言葉が、いつまでも強く兄弟の胸に食い込んで離れない。

「この一語が、私の修養の上にどんなに役立ったか知れない」と鈴木孝雄はいう。ちょうどそのころの鈴木家の境遇が、その言葉にもっともよくあてはまった状態にあって、父もそのことを予測して投げた一言であったかも知れない。

前橋には土着の士族がおり、鈴木一家は他藩の者だから万事について他所《よそ》者扱いにし、軽蔑してからかったり、途中で待ち伏せていておどしたり、喧嘩を吹っかけるなどがしばしばあった。

しかし、父の戒めを守って忍耐し、いっかなその挑戦に応じない。黙って「いまにみろ」というふうに悠々とかまえているものだから、腕力はふるわれなかった。鈴木家の子供は、みんなそのようにしていた。

二、三年後になると、もうみんな仲良しになってしまって、いっしょに勉強するようになった。輪読などをやって本を読み合ったり、遊びにも往き来するようになった。

第一章　関宿の人々

泉州の陣屋

鈴木貫太郎は、暮れもおし迫った慶応三年（一八六七年）十二月二十四日、鈴木為輔（のちに由哲と改名）の長男として、泉州（今の大阪府）大島郡伏見にある関宿藩飛地の久世家の陣屋で呱々《ここ》の声をあげた。

貫太郎の父、由哲は久世藩主に仕え、その当時、代官の職についていた。なぜ親の故郷関宿から遠い泉州に行ったかといえば、久世藩はそのころ関宿に五万八千石を領し、泉州に一万石の飛地を領していたからである。

代官の任期は十年だから生活必需品は相当あるはずだが、由哲は荷物はまるで持たず、文字通りスッカラカン、家の中は空家同然であったそうだ。なぜかといえば、父由哲は維新の志士とも交際していたが、これは時勢を見通していたためであろうと思う。

由哲は身体が大きく、撃剣、すなわち剣道が得意であった。そのため、いつも殿様のカゴ脇にいて警護の役を勤めていたそうだが、西洋流砲術の大家田中俊平という武家に西洋流砲術を学び、大砲頭取という役についたという。

ちなみに、大砲とは砲身の大きい意味で、大砲頭取とは大砲部隊の長という意味であろうか。

右のように絶えず武の道に精進していたが、これは彼が非常な努力家であったからできたものである。そのため、数回にわたり褒賞を受けていた、という。

そして、元治元年に代官を命ぜられ、泉州へ赴任したのである。

由哲は、武士には珍しく非常に寛大な人物であった。ために泉州の人々、つまり武士も町人も、

「泉州の住民はうまいことをした。為之助さん（別名）が代官になったから」

と言ったそうだ。

なにしろ、武士のうちではもっとも住民と接触する稼業である。犯罪者を生かすも殺すも、代官の胸のうちにある。代官の良否は住民に大きな影響があるのだ。陣出達郎原作の「遠山

の金さん」みたいな代官であったらしい。遠山の金さんは実在の人物ではない。陣出の胸にえがく理想像だった。

代官は思う存分、権勢を楯にとって勝手気ままに振舞うやからが多いのに、由哲は大様な精神の持ち主で、いつも領民のことを考えていた。

彼が領内を巡視しているとき、農民が「代官様おなり」であわてて肥桶をひっくり返したので、由哲の袴に飛び散り、汚してしまった。

そのころの肥料は大、小便一本槍だったから、無礼討ちで首が飛ぶものとお百姓は真っ蒼になって震えている。

なにせそのころの代官様のお通りといえば、百姓町人は土下座するならわしだったから、加害者である農民があわてるのも無理はない。

しかし、由哲は近くを流れる小川で袴の裾を自分で洗って、

「綺麗になった。だから心配しなくてよろしい」

と一言も文句らしいことをいわず、そこを立ち去った。農夫は感きわまって由哲の後ろ姿に手を合わせた。

生命をひろったその農夫が、事件の概要をとなり近所に話したため、村中にその話がひろがった。村民も感激し、涙を流す者すらあった。そして村民から、いっそう慕われるようになった。

それとは別の話だが、村の人たちは年々、鮎漁をする習慣になっていた。村中から費用を出しあって、代官はもちろん、陣屋の人々、みんなを招き、鮎料理をして御馳走する習わしになっていた。

ところが、この費用がばかにならず、村の人たちにとっては相当に苦しかったそうだ。それを知った由哲は、

「今年は都合が悪いから、来年、御馳走になろう」

と言い、来年、再来年も同様な台詞《せりふ》で酒飲み会を延期し、とうとうやらせなかったそうだ。また、土地の人たちは代官に対しての献上を毎年実施していたらしいが、由哲はこのような、しきたりは一切廃止させた。

慣習を破って、なぜ献上廃止に踏み切ったのか。

由哲は他人の苦労を見て見ぬふりのできない人柄だった。それと時代が時代で、世の中が改まる最中だったから、可能な限り領民の困難な立場に手を差しのべてやるべきだと思っていたのだ。

ときに貫太郎の生まれた慶応三年は、物情騒然たるときで、しかも生まれてまもなく、鳥羽伏見の戦いがはじまった。

泉州の陣屋（大阪府泉北郡久世村）は京大阪にも近いところで、お七夜には大阪の火薬庫に火がつけられ、大きな音をたてて爆発し、燃え上がった。爆発の振動で座敷の障子がはず

れたほどで、大変な騒ぎだった。

貫太郎の一家は、明治二年（一八六九年）に泉州を引きはらって江戸へ下ることになった。父由哲は信心家だったから、途中、伊勢神宮にお参りをした。

そのさい家族の者は駕籠《かご》に乗り、由哲は馬上、貫太郎は父の前鞍につかまって乗り、大神宮に行ったが、親子そろって馬が大好きだった。

また、ある宿で官軍将校と同宿したが、貫太郎はまるで人見しりをしない。招かれると平気でその官軍将校のそばに行くので、その官軍さんはひどく喜んで、菓子をどっさりくれたという。

これは東海道の島田の宿での出来事だが、大井川を渡って松原にさしかかったとき、昼めしどきになっていた。だからこの辺りで一休みと、島田の宿でお昼の休みをとることになった。

貫太郎はこのとき、ようやく三歳になったところだった。馬に乗って来たため、身体が固くなって人様の身体のような感じになっていた。駕籠を下りるとなると身体は自由。己れの身体になった嬉しさにパッと飛び出した。

前の方には美しい黄色のマユがたくさん乾してあって、太陽の光が輝いて見えた。貫太郎は「美しいナ」と思い、チョコチョコとマユを目指して走りだした。

そのとたん、街道一といわれている馬の脚掻き、つまり四本足のうちの一本で他の足を掻くわけだが、その現場で貫太郎は転んでしまった。一瞬の出来事で、貫太郎を助けるひまはなかった。

コロコロと転んだ貫太郎が蹄の前にきた瞬間、馬はその膝を折ったのである。そして馬はぽんと一跳ねし、貫太郎の小さな身体を飛び越して馳せ去ったという。じつに手に汗握る瞬間であった。

心配して後を追ってきた家来たちは、「ホッ」と胸をなでおろした。もちろん由哲も大喜びで、その晩、つぎの宿に着いてから、伜《せがれ》の生命拾いのお祝いということで、大きな鯛《たい》を買って家来一同と酒宴を開いた。由哲の人使いのコツであろう。

そのころはもちろんそのような点まで気が回らなかったが、鈴木が生長して部下をたくさん使うようになって、父の人様との接触について思い出し、できるだけ由哲の真似をするようつとめたという。

江戸に帰って、小石川関口の久世山にあった屋敷に住むことになった。久世山という名称は、その土地が久世家の所有で下屋敷があり、多くの家屋がそこにあったため、そう呼ばれていたのである。そこで弟の孝雄（のちの陸軍大将、靖国神社宮司）が明治三年（一八七〇年）に生まれた。

そのころ貫太郎の伯父二人とその長男二人は、父由哲とはまったく反対の立場をとっていた。その伯父たちは彰義隊の隊士で、上野で戦った。しかし、破れて上総に逃げたが、つかまって牢にぶち込まれた。

しかし、官軍の命令に服し、従順だったため、まもなく許されて牢を出ることができた。だが、賊軍の人間に家を貸せる人もなし、ましてや職を世話する人もない。仕方がないので、由哲のもとにお預けになっていた。

牢屋にいるわけでもないし、いまはもう敵でもなんでもないのに、伯父たちは官軍、賊軍の名称にこだわって、貫太郎が子供なのに捕まえて「お前は官軍だ」といって、牢屋で伝染した疥癬《かいせん》を貫太郎にうつして喜んでいた。

疥癬という言葉は、一生に一度使うかどうか。きわめて市民生活とは縁のうすい病気であるから、参考のため辞書の説明を写しておこう。

「疥癬は伝染性皮膚病の一つ。疥癬虫の寄生による。しつ、ひぜんなど。その原因である疥癬虫はダニの一種。ごく小さく、人間の皮膚に寄生して疥癬を起こす。ひぜんだに……」とある。

筆者が子供のころ、「ひぜん」という言葉を聞いたことがある。他人をバカにするとき「このひぜんかきめ」というのである。

もっとも軽蔑したさいに使う、とっておきの台詞《せりふ》である。行くところのない刑務所帰りを、世間の目を恐れず置いてくれた兄一家の者に使う言葉ではない。

月見草の花

由哲一家は明治五年（一八七二年）、郷里千葉県関宿の家に帰ることになった。関宿は大利根が流れる小さな町である。

他県の者とはつき合いのない離れ小島のようなところで、それだけに近所、隣とは肩を寄せ合い、助け、助けられて暮らしている町だ。

貫太郎は十一歳のときまで関宿で暮らし、その町の久世小学校に通っていたが、明治十年（一八七七年）、群馬県前橋に移り住み、桃井小学校に転校した。

母親は、あまり転校をくり返すと成績が落ちないかと心配したが、当の貫太郎は平気の平左、いつも級のトップクラスで頑張っていた。

そのころ父由哲は千葉県と群馬県からさそいを受けたが、群馬県が教育が進んでおり、評判がよかったので、複数の子供を持つ父親としては子供の教育のためを思い、群馬県庁に奉職することにして前橋に転居したのである。

明治十四年（一八八一年）に前橋の桃井小学校を卒業して赤城山近くの群馬県立中学校に入学。二年後、上京して芝新銭座にある近藤塾に学び、半年ほどして海軍兵学校の試験にパス、いよいよ念願の海軍士官の道を歩み出したのである。

赤城、榛名《はるな》、妙義の三名峰に取り囲まれた風光明媚の前橋、そして懐かしい故郷関宿の町、渺茫と流れ去る大利根の岸、薄《すすき》や真菰が生い茂り、蜒々と連なる河堤には、夕方になれば月見草の花が点々と咲く風景があった。

前橋と関宿、二つの町とも貫太郎の育成には大いに影響があった。二年で上京したものの、彼の胸のうちには故郷と第二の故郷がいつも生きていた。

いろいろの思い出とともに、貫太郎を海軍兵学校に入るよう一生の運命を定めてくれた近藤塾のことが忘れられない。

近藤塾は近藤真琴が創設したものである。近藤は鳥羽の出身、当時、先覚者すなわち海国主義者であった。海に関して非常に知識があり、若いときから航海術を研究し、数学の大切なことについて教え、当時は福沢塾（のちの慶応義塾）と並び称せられていた。

そのころの近藤塾は、海軍兵学校の予備校のようなもので、生徒千名以上といわれ、学級は小学校程度と中学校程度とあって、英語、漢文、数学と三科に分かれているが、どれでもやらせていた。

数学は上級のものを学び、英語は下級のものを学ぶというように、便利な組織になっていた。

海軍の先輩はもちろん、その他多数の名士を輩出した。元内務大臣望月圭介もその一人である。

ところで、父が群馬県庁に勤めていたころ、出勤する父由哲のうしろについていっしょに歩いた記憶がある。

ある町を歩いているとき、歩きながら由哲は貫太郎に、

「人間は怒っちゃいけない。怒るのは己れの根性が足りないからだ。短気は損気と言うだろう。怒ってすることは成功しない。みんな自分の損になるばかりだ」

父は出勤途中の教えぐらいに軽く思っていたかも知れないけれど、後でよく考えると、父の心がしんみりと貫太郎の心に沁みてくる。

父の姿、そのときの町のようすなどがありありと貫太郎の頭に焼きついて、残っていた。ちょうどそのころ一般家族の境遇が、その言葉にぴったりの状態にあったので、父はそれとはなしに、そのことを予測して投げた戒《いまし》めだったかも知れない。

三歳のとき、馬の蹄を危うく逃れ、死をまぬがれたことがあったけれど、死に直面したのは、そのときだけではなかった。幾回も死にそこなったのである。

春の四月、関宿の子供にとって魚釣りは本当に楽しみであった。貫ちゃんも魚釣りは好きで、友だちと魚釣りに行くのが楽しみだった。

心配する親の目をかすめて遠出もした。親父はサラリーマンだから留守がち、おふくろは留守を預かっていて、子供の身に危険なことがあってはならないと魚釣りや遠出に反対していた。

その母の心配を裏切った四月の中旬、貫太郎は二度目の危機に遭遇したのである。八歳のときだった。

関宿に神橋《かんばし》の入り堰《いひ》というものがある。その入り堰の扉の上にのしかかって魚を釣っていた。魚だけに気をとられて、扉の開いているのに気づかずにいたが、そこに登るとともにガクンとその扉が降り、扉の動きとともに貫太郎の身体は投げ出され、深い水溜まりの中に吸い込まれてしまった。

泳ぎはまるで知らないから、下へ沈んで行く。上を見ると水は濁《にご》っているせいか、真っ赤に見える。ほんの少しの間だったが、地獄の底へでも吸い込まれるような不安な思いだった。そのうち着物をたくさん着ていたせいか、ポッカリと頭が水面に出た。それと同時に、夢中になって水をかいて河岸へ近づくことができた。

陸の上では友だちがワイワイ騒いでいるが、助ける方法が見つからない。

「助けに入ったらこっちが危ないから、かまわんで放っておけ」と年長の子供はいう一方、「そんなむごいことできねえ。なんとかして救ってやろう」という者もいる。

そんなやりとりが、水中でもがいている貫太郎の耳に飛び込んできた。それでも二メートルぐらい泳いで岸に這《は》い上がり、友だちに引き上げてもらった。

着物はぐしょ濡れだったが、このまま帰れば今日のさわぎが母に知られてしまう、といって、みんなが着物をしぼって水をきり、乾かしてくれた。

三時間ほどたって着物が乾いたので家に帰ったが、さっきの事件はすでに母の耳に入っており、「生命を大切にしなきゃいけない」と叱られてしまった。

友だちが見かねて詫びを入れてくれたので、どうやら許してもらえたが、母にしかられるまでもない、危険な遊びはやめよう、とそのときほど真剣に考えたことはなかった。

関宿町にて

太平洋戦争を終結に導き、わが国の平和と繁栄の基礎をつくった鈴木貫太郎海軍大将の遺徳をしのび、千葉県関宿町では昭和三十八年（一九六三年）、鈴木大将自邸の隣に鈴木貫太郎記念館を建て、一般観覧者に見せている。

なにしろ年予算六百万円を惜し気もなく支出しているあたり、関宿の人たちがどれだけ鈴木を慕っているか、想像できようというものだ。

関宿町が千葉県の北の果てのせいか口の端にのぼらない土地であるため、町の沿革、歴史などについて若干ふれておこうと思う。

関宿町は千葉県の西北部に位置し、千葉県の最北端にありながら「関東」の「ヘソ」と町民はいっている。

利根川と江戸川の分岐点に当たり、町は南北十二・四キロ、もっとも幅の広いところで東西四キロ、狭いところでは数百メートル、異様な眺めである。

東は利根川を隔てて茨城県、西は江戸川を隔てて埼玉県、南は醬油の名産地野田市に接し、北は町の突端になり、利根川と江戸川の分岐点を見られる。茨城県と埼玉県の間に割り込むクサビのようだ。

町の中央を走る台地は、下総台地の一部が西北部に延びたものと見られている。この台地は畑作地帯となっており、近郊農業として野菜作りが盛んである。利根川沿いは低地帯で水田がひらけ、江戸川沿いには狭い耕地が点在し、実りの秋は、じつに見事な風景となる。

一方、町の中心地には会社、工場が進出している。水と緑の調和した住みよい町作りを目標にしているという。

二つの河に囲まれ、隣の市町村とはまったくかかわりがない、特異な形の町だ。しかし、水上交通、つまり船便によって物資を運ぶ水上交通の要地として栄えた町である。江戸時代には幕府の水関所も置かれ、県内では有数の宿場町としても賑わったところでもあった。

明治二十二年（一八八九年）に木間ヶ瀬村、二川村、関宿町が町制施行によりおのおのが誕生し、そして昭和三十年（一九五五年）七月、関宿、二川、木間ヶ瀬の町村が合併して新しい関宿町が生まれた。

その後、過疎化があったたが、首都圏のベッドタウンとして宅地がふえたのを機会に住宅が急増した。関宿をベッドタウンとしてとらえるようになったのである。

ついでながら、関宿の歴史を若干ひもといてみようと思う。

町の歴史は古く、ざっと一万年前にさかのぼる。その時代は旧石器時代といわれ、その時代を代表するナイフ形石器が同町岡田山ノ内遺跡、下根遺跡から発見されている。

旧石器時代の生活は定住しているわけではなく、暖かいところ、動物が集まって狩りのできるところ、木の実などが多く実るところへ移動して歩くのが常であったから、狩りをしながら人々が往来したという記録となって残されたのである。

つぎの縄文時代に入ると、発見される遺跡、遺物の数も多く、住居跡も調査によって多数発見されている。そのうち代表的なものは、下根遺跡、新宿遺跡、桐ヶ作貝塚、内町貝塚、元町貝塚などがあり、この時代の町の地勢は現在とだいぶ違っていた。

町の標高で見ると、七、八メートル以下の場所は海岸線で、入江に似た地形になっており、海産物を採取するには都合がよかったようだ。

この時代、縄文の中期ごろまで、人々は定まった土地に住むことはなく流れ歩いていたが、同時代の中ごろ以後は定住する者が現われ、五~十軒で集落を作り、生活していたようだ。

旧関宿地区は今の台町、内町辺りに集まって住んでいたという。

縄文時代の足跡はまだはっきり解明されていないが、下根、岡田山ノ内遺跡で、この時代の土器が若干発見されており、人が生息していたのは間違いないようだ。そしてこの時代に稲作が始まったのである。

野性の草や動物を食していた時代から、必要な物を生産するという時代に入ったのである。それになんといっても、稲がまだたいして生育しないうちに欠くことのできない水は、利根川がひかえている。それに建物の少ないころで、耕地はいくらでもあっただろう。

東西四キロ、南北十二・四キロの土地も、稲穂が実るころは、じつに美しい風景であったと語り伝えられている。

そして、平安時代になると下総の北側は「都毛の郷」といわれ、「葛飾」という地名が生まれ、今にいたるもそれらの地名は生き残っている。また、「八条院」という貴族が所有した時期もあったようだ。

そのころから商売の店屋、建築なども営業をはじめ、集落も随所にできて、その中心あたりに人が集まり、賑やかになった。小さいけれど、豪族も出現するようになった。そして、小集団がつぎつぎと組織された。

平安時代の終わりごろ、茨城県の岩井付近に陣取っていた平将門が乱を起こし、関宿町もその影響下にあったらしい。その時代の伝説が多く残されている。

鎌倉時代になると、関宿は下川辺庄と変わり、下川辺行司と称する豪族が支配するようになった。

源頼朝が伊豆山で挙兵したさい、いち早く頼朝軍に味方し、源氏が勝利したのち、頼朝から、それまでの領地であった下川辺庄をそのまま、統治をつづけるよう指示された。この下川辺行司は鎌倉幕府の重要な幕僚となったが、彼の一族は鎌倉時代を通じて幕府から相当に重要視されていた。

右のような関宿風景だったが、それまで関宿の人々にとって、もっとも平和な時代であったかも知れない。関東将軍といわれていた足利君方が関東に入場して来ると、時を経ずして、その家臣である簗田氏が関宿に築城したが、それが一四五六年ごろと伝えられている。

その後、関宿合戦、国府台合戦と幾回も大きな戦いがあり、古河公方の家臣として十六世紀中ごろまで、約百年間、関宿の城主として権勢を誇っていた。

十六世紀の中ほどになると北条、上杉、武田氏らの戦いに巻き込まれ、古河公方と簗田氏は現在の総和町の水海の城に移り、やがて関宿は北条氏の支配するところとなり、しばらくの間、北条家の家臣が関宿城の城代として納まっていた、という。

やがて北条氏は豊臣、徳川の連合軍に破れ、関宿城は江戸城に入城した徳川氏の支配するところとなり、戦国時代の終焉となった。これが一五九〇年ごろであった。

戦国時代、北条氏の支配下にあったころは関宿に水関所を設け、佐倉、関宿間の水上交通を規制したという記録がある。

徳川氏が江戸へ入城するや、家康の実弟である松平康元が関宿城を守ることとなった。要するに、千葉最北端の関宿が徳川幕府の傘下に組み込まれたのである。

幕藩体制下の関宿藩領は、現在の山石井町、境町、猿島町、旧関宿町を中心に、その大部分が後の茨城県に集中していたが、関宿町内の二河、木間ヶ瀬は庄内領として幕府直轄の天領となり、代官がその管理に任じていた。

その後、関宿城主は、初代の松平氏から小笠原、北条、牧野、板倉、久世の各氏と目まぐるしく交代し、明治になったのである。

前記の各氏の中では、江戸時代中ごろから明治まで藩主となっていた久世氏が住民の信頼を得ていたようだ。

久世氏は、江戸初期から中ごろまでは幕府内でとくに重臣として活躍し、代々関宿藩主をつとめた。またそこから転封となって出世する場合が多く、そのため関宿城は別名〝出世城〟といわれ、各藩の羨望の的だった、という。

ところで、明治になって廃藩置県が行なわれたため、利根川から向こう茨城県、江戸川の対岸埼玉県とは住民の行き来がなくなり、関宿の人たちは、あの狭い土地で肩を寄せ合って生きていた。

それと神仏を頼りにしていたのも見逃せない事実であろう。なにしろ周囲三十三キロ、面積二十九・九二平方キロの町に四十五の神社があり、寺院も十七を数えるほどだ。

史跡は二十四ヵ所、鈴木貫太郎記念館、そこには貫太郎に関する貴重なものが多く展示され、また鈴木の墓も史跡とされ、故人を忍ばせるに充分なシンプルな墓である。

ところで町民憲章だが、五ヵ条ある。

一、先人の道徳を尊びましょう。

二、希望を夢を豊かにしましょう。

三、やさしい愛情を育てましょう。

四、土・水・緑を大切にしましょう。

五、健康で明るい町をつくりましょう。

そして「わたしたちは、先人の残した歴史と伝統を守り……」とあるが、鈴木貫太郎の精神を謳っているのではないか。住民の一人一人が鈴木貫太郎を尊敬し慕っている。筆者はそう思えて仕方がないのである。

第二章　砲弾の中

江田島の四季

当時、小学校の教育は明治教育の最初の制度によるもので、小学校は八年であった。尋常科が六年、これは義務教育。尋常科を出れば高等科が二年、この二年間は義務教育ではなかった。希望する者だけが行けばよかったのである。

当時の国家財政、国民個々の経済状態からいって、尋常科がいいところだったようだ。寺小屋とは違う教育施設に国民がなじんでいない、というのも理由であろう。

貫太郎は前橋の桃井小学校を卒業すると、前橋にあった県下でただ一校の利根川中学校（入校間もなく群馬県立中学校と改称）に入った。筆者の中等学校入学の昭和初期のころですら、中等学校に進むのは尋常科六年級で男女とも二、三名だった。それから中等学校を出て専門学校、高等学校、大学予科などへ進む者は非常に少ない。

しかし、その中学は貫太郎が二年のとき、赤城山下の小暮というところに移った。

彼が心配している将来のことだが、父由哲は貫太郎を医者にしようと心に決めていた。大勢の子供がいるけれど、そのうち一人だけは大学に入れてやろう、というわけだ。

県庁の役人といっても、実業界と違って、そう給料は高くない。大学へ行くのは子供一人、というのが精いっぱいだ。一人でも大学へやろうというのは理解のある方だろう。

だが、貫太郎は医者になるのを非常にきらっていた。彼はどうして医者になるのをきらったのか?

彼が十二歳のとき、母が病気になった。ずいぶん重い病気だったらしい。

夜中にお医者を迎えに行ったが、すぐ来てくれた。だから文句があるわけではなくて、夜中に起こすのは自分だけじゃない。よその家でも、夜中に急病人があれば時間にかまわず、お医者様を迎えに行くはずだ。夜もろくに休めないだろう。本当につらい職業だな、と考えた。だからお医者様にはなりたくない。

そんな悩みをかかえているとき、新聞に面白い記事が出た。

その新聞は読売新聞だったらしいが、海軍の軍艦が濠州で大歓迎を受けたという記事を見たのである。海軍に入れば外国にも行ける。

至極単純な発想であるが、子供心に海軍に入る決心をした。

やがて海軍兵学校の募集広告を見た。そのとき、彼は十六歳。そこで兵学校の話を父に話したところ、

「お前は総領だし、医者にするつもりだ」

ということで、海軍兵学校受験のオーケーの返事をもらえない。

翌年、また募集広告が出たので再度、父に申し出たが、許可が出ない。

ところが、その秋、由哲が上京して海軍に籍を置く人に会い、海軍の事情を聞いて来たらしい。帰宅すると、

「お前はまだ海軍に入りたいか」と尋ねた。

「ぜひ入りたい。どんな障害があっても入りたい。やって下さい」と頼むと、由哲は、

「そんなに入りたければ、入ってもよい」

と許可が出た。ねばりがちのようである。

そこですばやく中学には退学願を出して上京し、近藤塾に入った。

そのころ多くの人たちは、海軍に入ることには賛成しない。まっこう反対だった。なぜかといえば陸軍は長州、海軍は薩州で、それ以外の人間は海軍に入っても所詮、出世は無理。それより海軍兵学校へ入ることもむずかしい。ひらたく言えば、薩州以外の人間は海兵へ入れないのである。

彼は、そんなことがあってたまるか、いやしくも天下に堂々と公表して生徒を募集しているからには、学問ができて、体力が強ければ、絶対合格できると知人にいうとともに、海兵入試合格を心に誓い、神に祈った。

ともあれ、関東の人間など海兵は無理と考えていた。明治維新の勝利者だから、薩長の人たちが各界の要路を占めているのは当然と考えていたようだが、政府としては公平を原則としていたものである。

貫太郎は校長と会い、記録を見せてもらったが、当時の関係者は海軍を興《おこ》すということについて非常に苦心していたようだ。函館の戦争が終わるとすぐ、士官の養成を計画しているのであった。

まず海軍練習所をつくり、それから兵部省の中の海軍兵学寮となり、そしてそれが海軍兵学校となったのである。

その当時は、兵学校は東京の築地にあった。今は東京魚市場になっている場所で、土地が十万坪。海軍省もそこにあった。だから、築地は海軍の発祥の地といえるだろう。

近藤塾に入ってそのつぎの年、貫太郎は海軍兵学校を受験し、優秀な成績で合格した。兵学校入試に合格してみると、三クラスあって貫太郎のクラスは六十名、ほかに四十名と十八名の二クラスあった。年ごとに受験者は増えている。

彼は十四期生で、のちの佐藤鉄太郎中将、小笠原子爵などが同期だった。

生徒は年ごとに増えているのに、全合格者百十八名のなかに関東出身は彼一人であった。薩州でなければダメと思い込んでいるのか、または受験生は相当いたけれど大部分が成績が悪かったのかも知れないが、ともあれ貫太郎は最初のころ友だちがいないのでさみしい海軍生活だった。

しかし、その翌年は群馬、茨城、埼玉などから五人が合格した。そして、鈴木のところへ訪ねて来るようになった。日曜は鈴木の下宿でいっしょに暮らすので、関東クラブと呼ばれるようになった。三年目には十数人が集まるようになったのだから、関東クラブといわれても不思議ではなくなった。

鹿児島や佐賀などでも鹿児島クラブ、佐賀クラブと言われているが、別に争うこともなく、仲よく助け合って勉強していた。

鈴木とその仲間たちは、銀座南鍋町の伊勢勘という料理屋の前の旅館の一室を借りていたが、どこでも空いている部屋を使ってくださいといわれていた。学生の休息所には勿体ない話だから、部屋はときどき変わっていたものの、とにかく三年間そこで暮らし、鈴木は築地の兵学校の最後の卒業生になった。

鈴木が卒業した年の秋、兵学校は江田島に移った。その当時、繁華な東京での教育、生活はよくない、という意見や批評があって、兵学校移転用の土地を探していたのである。

江田島には安全な停泊場があり、陸の方も埋め立てをすれば相当広い土地を得られた。だから海も陸の方も、兵学校にとって都合のいい場所だった。

日本の海軍は初め、英国の世話を受け、教官のほとんどが英国の士官であった。

英国から来た教官たちは、みんな立派な人格者で、任務が終わって帰国すると高い地位に就《つ》き、大将になった人もいた。

日本の海軍は英国に負うところが多く、英国も日本を属国視するような考えはまるでなく、まことに誠実にやってくれたといってよいだろう。

鈴木は大きな野望に燃えて海軍兵学校に入ったものの、いろいろと事情がわかるにつれて、大尉ぐらい、ひょっとすると少佐ぐらいになれれば運のいい方かも知れない、と考えるようになっていた。

当時の兵学校の規則は、まったく厳しかった。生徒は私刑的になぐる、なぐられるなどということはなかったが、少し酒を飲んで帰って来た者があったりすると、生徒全部を立たせておいてひどく叱られたものである。

酒は呑んではならないことになっていたから、日曜にはよく立たされ、上陸止めの処罰を受けた者があった。

ウォシング・シーメン

明治二十年（一八八七年）に海軍兵学校を卒業し、鈴木は軍艦「筑波」に乗り組むことになった。

「筑波」は帆前船で、港の出入りだけ蒸気機関を使用した。蒸気で走っても六ノット、帆走の方が速い。この練習艦はもう古い船で、木造だった。

行ったのは東京湾からサンフランシスコ、それからサンデアゴ、メキシコのアカプルコ、パナマ、南洋のタヒチ、そしてハワイから横須賀に帰港した。

そのころ、日本人もハワイへ相当行っていた。ハワイには王がいて立派な独立国だった。メキシコやパナマへ行くと、その国の治乱興亡の跡がよくわかって、若い鈴木たちには得るところが大きかった、という。

遠洋航海の印象といえば、鈴木は船に弱かったので、大いに閉口した。いっしょに行った者が四十一人、そのなかに船に弱い者が五、六人いたが、彼もそのうちの一人だった。「筑波」は千五百トンの古い船のせいか、よく揺れた。それでも二週間ほどで慣れてきた。

艦長は船に弱い者を集めて、

「意気地がないから、船に酔うんだ」と言った。

その艦長は野村貞という大佐で、日清戦争の折り敵弾を腹に撃ち込まれ、そのままになっていたそうだ。野村大佐は日露戦争のころまで生きていたが、病気になって亡くなった。

心身ともどんなに頑健でも、病気には勝てない。健康には気を配らなければ、と鈴木はしみじみ思うのであった。

アメリカ沿岸のサンフランシスコ、サンデアゴなどは盛んに発展するところといわれていたが、実際にもそんなふうに見えた。

それに反し、メキシコのアカプルコは退廃の気分があふれていた。軍艦が入っていったので礼砲を撃った。向こうも答礼しなければならないのだが、一度答礼の音が絶えて、ふたたび聞こえてきた。

後で聞くと、久しく使わないので負傷者が出た、という。

アメリカ発展の隆々たる状況と、メキシコのようすはまさに正反対であった。

ハワイは当時、日本人の移民がたくさん来ていた。アメリカ人はもちろんたくさん来ていたが、そのアメリカ人が日本人を批評する。その文句が面白かった。それは「バナナ・オフィサー」に「ウォシング・シーメン」だった。

バナナ・オフィサーは、バナナを売りに来ると、うまいものだから、みんなたくさん買い込んで平らげる。それがバナナ・オフィサー。

つぎはウォシング・シーメン。日本の水兵は、清潔を尊ぶ。つまり、きれい好き。船の中では水が大切だから、洗濯はやれない。だから、川のあるところへ洗濯物を山とかついで行き、そこで洗って乾かして帰るので、彼らは驚いたらしい。

ところで、なにせ暑いところだから、上陸するとすぐ汗が流れる。冷たいものはないか。

アイスクリーム屋を見つけた。普通なら、皿に一杯盛ってあるので、それだけで充分のはずだ。ところが、若いせいか、食い意地が発達しているせいか、三杯も、中には六、七杯も平らげるやつもいた。

領事館からアイスクリームをたくさん食べると、サン・ストローク（日射病）になるから注意してくれ、という依頼があった。日本的にいえば、腹をこわすから、というわけだろうか。

このアイスクリームはなかなかの味だった。なにせ二十歳を出たばかりの連中だから、食うものはアイスクリームだけでなく、なんでもずいぶん食べたらしい。

遠洋航海はこうして訓練されながら回るので、なんとなく海軍士官としての気分になってゆく。

遠洋航海によって世界の大勢がわかり、各国の盛衰の跡もわかり、「ぼんやりしてていかん」という、しっかりした精神が自然ときずかれるのである。

山本権兵衛という人

遠洋航海を終わってから、江田島兵学校所属の「天龍」に乗った。その当時の艦長が片岡七郎中佐、少尉候補生は鈴木と林喜久人の二人。これが江田島兵学校の開校のときである。

後年大将になる竹下勇、小栗孝三郎、財部彪、岡田啓介たちはそのころの上級生であった。

まだ校舎も未完成で、東京丸という古い商船を岸に横づけして、それを校舎や講義所にしていた。広い練兵場も未完成で、埋め立てたばかりだから草も生えず、万事が暑いばかりで苦しい日々だったが、それら困難な生活環境を克服したせいか、ここで養成された人たちは日清戦争で立派な働きをした。

当時の江田島は豊かさを欠いていて、食糧は甘藷。ご飯の代わりは芋がゆだった。米は口にすることができないほど貧しい。それでも盆と正月、それにお祭りには米の飯を食べた。子供たちはいろいろの行事も楽しいが、お米のおまんまにありつけるので楽しみにしていた。

生徒の交通機関はボートで、呉へもときどきは行っていた。が、ここは埋め立て中で、塩田や水田が土地の大部分を占めていた。後に完成した市街地は、そのころ埋立地で家など建っていなかった。そんな未開の原野風だから、生徒の教育には、気が乗らないのだ。

そこへ毎週、何回か来て、河で帆前の運転稽古をした。冬休みには、いわゆる巡航といわれる訓練もした。生徒を乗せて瀬戸内海、土佐沖、神戸などに行って練習をやらせた。

鈴木たち少尉候補生は生徒と同じ気分で、世の悪い空気に触れずにすんだ。

それから艦隊の「高千穂」に転勤したが、わずか一ヵ月で少尉に任官し、「天城」の分隊士となった。時に明治二十二年（一八八九年）六月。

「天城」も三ヵ月ばかりで、「高雄」の分隊士に転じた。分隊士は陸軍の小隊長のようなもので、兵隊数十人を預かって教育した。

「高雄」の艦長は山本権兵衛大佐。いくつもの逸話があり、有名な大佐であった。副長は斎藤実であった。「高雄」を偽装するさい、斎藤が協力してやり、それができたので、山本大佐が艦長となったくらい大切なものであった。

ここに出てくる偽装というのは、カムフラージュの一種で、相手（敵）をごまかすため周囲の自然の色や形に似せることをいう。迷彩ともいう。

「高雄」にいたのは約一年半。

「あの偉い山本権兵衛大将に薫陶を受けたことは、一生忘れられない思い出となっている」と後年、鈴木は、身内の者に話したそうだ。

彼、山本権兵衛は、若い連中を集めて座談会みたいなことを行なったが、よく生きる方法を教えた、という。

「浪費するな。自分も若いうち酒を飲んだが、それはいかん。自説を主張するには、内に後顧の憂《うれ》いがあってはならない。やめろと言われたら、いつでもやめるという気にならねばならない」

ところが、若い人たちは重大な意見が通らず、それでやめるなら後顧の憂いもなにもあったもんじゃない、といきりたった。それで反対したものの、実際に当たってみると、山本大将の言葉はありがたいことと思うのである。

なにせ山本はあの面構えだから、腕力家であることはわかるが、冗談に、「角力をとったら、鈴木には負けそうだ」と言った。

そんな半面もあったが、一面は厳格なこと、規則を守ること、ことに艦長の命令を守ることなどは厳し過ぎるくらいだった。キチンと毎日、日誌をつけさせ、もし怠ける者があれば、上陸をやめさせて書きあげさせたこともある。

あるとき、大阪にできた工場を見学にガンルームから何人も行きたいというので、クジ引きをしたところ、鈴木に当たった。彼は一度だけだが見たことがあるので、他の人と交替した。艦長に知れたらマズイと心配していたが、何も言わなかった。

このときは山本艦長は知っているらしかったが、黙して語らなかった。

それからほどなく「高雄」は、〝撤桟事件〟のため韓国に行くことになり、仁川へ回航し、艦長が京城へ行くというので、一人お供することになってクジ引きをした。ところが、なんとまたも鈴木に当たってしまった。それを見て艦長は、

「お前は正直者だから、よく当たるのだ……」

と賞められたが、このように艦長は部下の細部まで温情をもって見通している人だった。

撤桟事件はちょうど日清戦争の前、韓国問題のやかましいころに起こった事件で、ほかに通信の機関もなし、一大佐であった山本が政府の重任を背負い、公使とともに、支那公使の袁世凱に談じ込み、彼をへこませて大いに名声をあげた。山本大佐は、

「支那公使の袁世凱は、威張っていて傲岸無礼な奴だと聞いていたが、今回は馬鹿に丁寧で如才がなく、私の外套まで取って着せてくれた。あの狸爺、なかなか喰えんやつじゃ」

と笑いとばした。

また、若い者をつれて散歩をやり、その後は食事で御馳走してから解散した。当時は、権兵衛のように気のつく、ということは生徒のことを始終、考えているということだった。

鈴木は山本艦長を一口でいえば偉い人であると思い、いつまでも山本艦長のことは忘れなかったそうだ。

まもなく水雷術練習のため、水雷練習艦の「迅鯨」に乗り組んだ。このころの水雷教育は「迅鯨」の中でやり、砲術教育は「浅間」の中にというように、艦の中が学校であった。それで志願者をつのっていた。

なにせ水雷は、海軍にとっては最新の新鋭兵器だから、鈴木も志願したら、

「そんなところをなぜ志願するか。理由が明瞭でなければ取りつがぬ」

と山本艦長に一本とられた。しかし、返事のしようもないので、

「海軍で使う武器は、どれを使おうとも、今のところは入手見込みがつかないが、何でも知っておかなければならないと思う」

と、考えたままをそのまま言ったら、

「そんならよろしい」

と言って、許可された。

山本権兵衛と鈴木貫太郎は性格的に似ているようで、多くを言わなくとも、相手の考えていることを推察できるらしい。

それから八ヵ月、「迅鯨」にいて明治二十四年（一八九一年）の七月、卒業にこぎつけ、それから八月、「鳥海」の分隊長心得となった。

分隊長にはそれまで大尉がなったが、鈴木貫太郎は中尉でなった。彼が「人物」であることを、山本は見抜いていたのだ。

「鳥海」での出来事

明治二十五年（一八九二年）の十二月、鈴木は大尉に任官し、だれにも遠慮のない分隊長になったのである。

「鳥海」には、朝鮮警備で明治二十四年八月から明治二十六年の十一月まで在任。そして横須賀の水雷攻撃部艇長になった。

「鳥海」在任中の印象と言えば、まず最初はガッカリした。鈴木大尉は、一口に言えば船に弱いのだ。その弱い奴が、小さい船にだけ押し込められている。「鳥海」は、後にガンボートと言われるようになった一番小さい船で、さすがの鈴木貫太郎も、

「もうたまらん」

と弱音を吐いた。

しかし、「鳥海」は、艦隊ではなくて警備がその任務だから暇だ。手持ち無沙汰とはこのことだ。この暇な時間を有効に使わなければ、遊惰に流れてしまう。有効に使う道はないか。友だちに碁を教わったが、仕事のときのように熱心にはなれない。

酒でも飲んで憂さ晴らし、と思うのだが、これも計画倒れ。なにせ大尉殿は酒に弱い。飲んで苦しむ方だ。とてもじゃないが、酒飲んで憂さ晴らし、なんてとんでもない。

そこで本を読むことにして、兵学校で習ったものを復習しよう、と思いつき、英書マコーレーの『フレデリック大王論』を読んだ。

つぎはコロムの『海戦論』。これはだいぶ厚い本だが、翻訳されて出版され、それを読んでいるうちに、有名なマハンの書いた『海上権力史論』などの翻訳物も出版された。

彼は英語はあまり達者でないから、翻訳ものに主力を置いて勉強した。

漢文の『七書百文』という書物を林喜久人が持って来て、「君は本が好きだから」と貸してくれた。古本屋で見つけた本だという。

それは孫子、呉子などの兵法の本から七ツの文章を集めたもので、昔から有名な本だけに非常に参考となった。それからというもの、この本を思い出すたびに読んでいる。

退屈なときは仁川沖の月尾島へ兵隊をつれて行き、相撲をやったりした。

この時間は、練習所へ入る試験を受ける者のために、毎日、数時間、数学や作文の講習をやったりしていたが、閑のあるうちに、艦隊の戦闘陣形はどのようにするのが有利か、ということについて考えた。

突きつめて考えたすえ、二十ページの意見書を書いてみた。

ところがその後、海軍大学校へ入るとき、「対策」という試験課目があった。それは一ヵ月ぐらい余裕をあたえて答案を書かせる仕組みになっている。

不思議なことに、そのときの問題は、「艦隊における最上の戦闘陣形を論断せよ」というものだった。

それは前記の論文に似ているな、と考えて、柳行李の中にしまってある例の論文「戦闘陣形」を出して文句を訂正し、修正を加えて三日で書き上げてサッサと出してしまった。

ほかの受験生は「青息吐息」で試験用紙とにらめっこしているときだから、教官はさぞ驚いたことと思われる。

それがなんと大当たりだったのだ。幸いに鈴木貫太郎は、海軍大学校への入学を許可されたが、教官から、

「君のが一番よかった」

とほめられた。教官は島村速雄少佐だった。

頑固な海軍大学校教官を動かすのは並み大抵ではない。やはり、そのころ鈴木は大物の素

質があり、それが芽をのぞかせていたものだろう。

それは「鳥海」で遊んでいる間の収穫だったし、後年の幸運の契機にもなったかも知れない。そのころ海軍大学校の試験は非常にむずかしくて、受験しても入れない者が非常に多かったらしい。

もう一つ「鳥海」の出来事について——。

済州島で日本の漁夫が殺されるという事件が起きたので、その談判の命令を受けた仁川領事の林権助《ごんすけ》を「鳥海」に乗せていった。

いざ出帆というのに、数ヵ月碇泊していたので、船の周りには全面、牡蠣《かき》がついてしまって、船の速力は三ノット。だから、潮時を考えて運航しないと、岩にぶっつけるし、途中で嵐にやられたり、それはさんざんな目にあった。

艦長の伊藤常作は、これではとても目的地に近づくことができないからといって、所安島というところに碇泊し、海岸の砂地を見つけていいところに船を乗り上げた。

この辺りは潮がよく引くから、潮時の三メートル前後のところで天然のドックに入れ、水兵全部で牡蠣落としをやり、一番ひどかったところの牡蠣を、全部かき取った。

船底の砂のついたところは手が及ばなかったが、外はみんな取れたのでソッと浮き上がらせて翌朝、済州島に出発した。

速力は七ノットも出た。このころの船としてはそれが全速力である。

いよいよ目的地に着いて船を寄せ、上陸することになった。鈴木は護衛として二十人の兵を連れていた。

群衆が敵意の強い、燃えるような目をして上陸地点に近寄ってくる。鈴木は指揮刀を持っていたが、抜けば刃がないのがわかってしまうと思って、心細くて仕方ないが、抜かずにいる。

兵は上陸すると、すぐ着剣させた。銃を先方へ向けてかまえた。いつでも戦える体勢である。大勢がスーと道の両側へよけたので、林領事たち三人のほかに、参判という高い地位の朝鮮政府の役人一行を上陸させた。

そうして役所の方へ進んで行くと、朝鮮の兵隊が飴屋のラッパで迎えに来た。旗も立てていたが、昔のままの兵隊で、鉄砲は銃身の長いものだ。

青龍刀を持って、いかにも伝統そのままのようすでやって来た。着衣も青い空色のが一番の頭、兵隊は赤い色と色分けしてあって面白い。

役所に着いたら、大門も閉じてくぐり門から入れ、と言う。大門は制限があって容易には開けないらしい。

談判の中で、朝鮮の大官も来ている。鈴木は、日本の天皇陛下の代理で来ているのだ。

「開けろ。開けなければ、談判をやらずに、このまま帰って朝鮮政府に報告するぞ」

と脅《おど》したら、飛んで行って知事に訴え、あわてて大門を開けた。驚くほど丁寧になった。

その間、二十人の兵隊に銃をかまえさせて脅したり、今にも鉄砲を撃ちそうなポーズを取らせていたりしたので、さすがに驚いたのであろう。ともあれ、当方の望み通りになったのである。

三日ほど考証して、漁夫を殺した事情を調べ、賠償金を出させた。

上崎上等兵曹の割腹

日清戦争で威海衛が陥落した後、艦船は内地に還ったり、旅順で修理したり、それぞれ戦後の任務についた。

中国は、威海衛も落ちてどうにもしようがないということになり、つまり平和を希望するようになって、李鴻章が馬関に行くという。

三月半ばのこと、威海衛の前を李鴻章の乗った船が通って行った。その船が通ってから鈴木貫太郎は威海衛に帰って碇泊していたが、その翌日の朝である。

鈴木が上甲板にいたところ、椎名機関士が飛んで来て、

「えらいことになりました。上崎上等兵曹が割腹しました」というのだ。

驚いて鈴木が行ってみると、上崎上等兵曹は立派に切腹してこと切れていた。

その朝、上甲板で掃除の監督をしていたが、いつもと変わったところはなかった。

椎名機関士も機関室で仕事をしてから、自分の部屋に帰ってみるとこの始末で、驚いて鈴木に報告に来たというわけだ。

遺書があったらしいが、篠原少尉が持っていて、

「艇長に申しわけないので切腹するというのです。艇長にはお目にかけないほうがよろしいかと存じます」

というので、鈴木艇長は見なかった。

ともあれ、早急に始末しなければならない。割腹はまことに立派で、大剣でやっていた。その刀は伝家の宝刀「村正」ということだった。

なぜ割腹したか、承知しておく必要があるので、椎名機関士に、

「君はいっしょにいたんだから……」と、ようすを聞いてみると、

「上崎は、艇長に大変感謝しておりました。自分が間違ったために水雷が出なかったので、敵艦を撃沈することができなかったのは何とも申しわけない。なんとかつぎの機会に戦功をたてて、この償いをしなければならないと思っていた。が、昨日、李鴻章は馬関に行く、されば平和になる、戦功を立てる機会はそれでなくなった、と慨嘆しておりました」というのであった。

それで理由がわかった。上崎上等兵曹は、水雷発射の筆頭監督だった。そのため厳寒でも発射可能のように、あらかじめ実験をした。しかし、演習は実戦とは違う。

戦場では水雷発射薬を早くこめた。時間が長くなると、それが湿気を吸って火力が弱くなるということが後でわかった。こまかい研究でわかったので、その当時としては知らないのは当然だった。

明治二十八年（一八九五年）一月十九日、進撃のため艦隊は大連を出発した。その艦隊の前方に位置して一月二十日の朝、山東省の栄城港に到着した。そして、ただちにその海軍の陸戦隊旗を掲げ、つづいて陸軍を上陸させた。

そこで栄城港には敵の相当な兵力があったから、艦隊から陸上を砲撃して、ただちに撃退させたのであるが、艇が小さいから、乗組員も陸上に接近して錨を入れ、ボートに乗って上陸した。

敵はもう退却した後で、ガランドウであり、一兵もいなかった。夜営したらしい後には、朝の食事がそのまま残っていた。

飯は手をつけなかったらしくてたくさんあるし、水雷艇の乗組員は鶏をつかまえて料理し、贅沢な朝食にありついた、という。

ともあれ戦場では、連日睡眠が不充分で、敵を前にして緊張していると、人間は死にたくなるものだという。

かつて大同江に艦隊が集合したとき、上村彦之丞大佐から、「死にたくなるから気をつけろ」と言われたのを思い出し、よい教訓をいただいたと感謝した。

敵艦襲撃の日

一等水兵に臆病者がいた。いつも元気なことを言って威張りくさっていたが、電線を錨に引っかけて切ったのも彼だし、だんだん港の中に入ると、「あそこにも敵がいる。こっちも敵だ」と、まことにうるさい。「もう言わんでもいい。お前に見えるものは俺にも見える。ふたたび言うと、そのままにしておかんぞ」と叱ったら、二度と言わなかった。

舵取りは上崎がやっていたが、鈴木が代わって沈着にやった。平生威張っているやつは、いざというとき、戦場では役に立たない。

死生の間に黙ってやるのは、平生おとなしくて温和な人物である。そのいつものままに真面目にやってくれる。

いよいよ明日は襲撃だ。防材を破り、通路が開けたことがわかったから、司令長官伊東祐亨中将に報告した。

第二、第三艇隊の司令が呼ばれ、司令長官から襲撃命令が発せられた。司令が長官招集から帰って艇長会議が開かれた。

それぞれ意見が出されたが、重大な発射の位置陣形などがあり、しかも敵の位置は島の陰にかくれているからよくわからない。

若い連中は百メートル以内に入らないと撃っても無駄と言ったが、水雷は五百メートル走るから、そこで撃てばいい、という反対論もあって、論議は決着しそうにない。そこで、それぞれ司令から各艇長の所信に任ず、ということでけりがついた。

いよいよ第二、第三水雷艇隊が夜間襲撃をやるということで夜十二時過ぎ、出発した。ともかく防材の通路をつくったのは第三艇隊だから、第三は先、第二はこれにつづいて威海衛東口から潜入することになった。

いよいよ威海衛の港内に入ってから襲撃隊形となって、最初は一列縦隊で中に入ったのだが、後は一列横隊となって推進して突貫である。

それが予定の陣形だったが、実際は計画通りに進まず、防材の口を過ぎるときに第三艇隊は全部入ったが、第二艇隊は自分たちで防材工事をやったのでないため不安があり、二隻は入れず、また中に入った艇も、予定の陣形がとれずに各個に攻撃をはじめた。

第二艇隊はまことに悲惨な結果となった。教導を命じられたのは光栄だったが、中に入ると司令艇が攻撃を終わり、引き返したのに会い、

「君の前の方に大きなのがいるぞ！」

と叫ぶのを耳にした。

接近してみると、なるほど大きな奴がいる。

もともと命令は、「みな襲撃したら左に回って帰れ」というものだが、左の方へ行くと、もう一つの艇にぶっつかる羽目になるので、右に回ることにして水雷を放った。

そのとき、ランプで敵か味方かを知らせている船がいた。それを目標にして発射した。ところが、ポカーンと水に落ちない。発射管の中でから回りしていた。

そのまま敵に衝突し、いっしょに死のうかと思ったが、敵は三十七センチから四十センチの鋼鉄板で造った艇だ。簡単には破壊できないととっさに考え、水雷をつめかえて再度、襲撃しようと引き返した。

敵には撃たれる、撃たれる。小銃、十五センチ、四十七ミリ砲がドンドン撃たれた。十五センチはあまり近いので頭の上へいった。四十七ミリ砲は煙突と機関室に当たったが、機械を壊さず石炭の中に飛び込んだ。

小銃の弾丸が六十数発、当たった。しかし、怪我人は一人もいなかった。なぜかといえば、篠原少尉が砲撃を受けると知って、総員を甲板に伏せることにし、また鉄板のかげにかくれるように指令したのだ。だから、怪我する者もいなかった。

機関室にいる者は、罐の前で床に寝てしまった。立っていたらやられる。

鈴木は、艇員を招集して注意した。

「本日はいよいよ襲撃だ。いかなる危険なときでも心配するな。わが輩はお前たちを殺すような下手な戦争をしないから、安心して行け」と言った。

一人の怪我もなかった。事実、彼はそう思った。神が守ってくれたのであろう。


上崎上等兵曹について後になってわかったことを書けば、事情がわかってみればじつに惜しいことをした、と思うのである。

今井司令はもちろん、第三艇隊の乗組員はみな同情し、また他の水雷艇の乗組員も同情を寄せ、上崎の碑を建てようと決め、鈴木艇長は今井司令を発起人として各方面に寄付を仰いだところ、たちまち千円近く集まった。

あの当時、千円あれば家屋敷が手に入る、といわれたほどの大金である。それが集まったということは、上崎上等兵曹の〝心〟と〝行為〟が人々の心に響いたのである。

碑が完成して、横須賀の祖師山のお寺の堂の前に建てた。その碑は、のちに横須賀の長浦の集会所の前に移された。軍人の亀鑑として、一般の人々にも知らせようとしたものであろう。

割腹に使用した大刀は、水雷学校で保存した。碑の銘は葬儀に列した鈴木艇長が読んだ弔詞を漢文に直したもので、碑の表面の題字は伊東海軍次官の揮毫、裏の文字は上崎上等兵曹の海軍仲間が書いたものである。

上崎上等兵曹が切腹に使った村正の名刀は、祖先伝来の名刀で、総領息子が持っていれば怪我も不幸なこともないのだが、次男坊が持ってはいかん、怪我をするという言い伝えがあった。

総領は陸軍の中佐でやはり出征しているため、刀はお母さんが保管していた。上崎上等兵曹も出征することになったので、母さんに、

「ぜひ私にくれ、お守りにする」

とせがんだ。

「いやダメ、これは長男坊の持つものよ」

と、そのわけを話したが、

「文明開化の世の中でそんな迷信、信んじちゃいかん。ぜひ、俺がもらって行く」

とねばられ、母親はサジを投げたらしい。

「やっぱり不思議なものですね。言い伝え通りになってしまった。なんと言われても、あの子に渡さなければ、こんなことに……」

と母は嘆くのであった。

上崎上等兵曹の割腹が中央にも伝わり、強い感動をあたえたが、それについて人事局でも上崎が割腹したため、艇長が責任を感じて腹を切るようなことになれば、それこそ大変というわけで、鈴木貫太郎艇長は「海門」の航海長に転任となった。明治二十八年（一八九五年）の五月である。

鈴木艇長は、「俺は臆病だから、腹は切らない」と会う人に言うものだから、一時は海軍の笑い話になったそうだ。だが、「彼なら切腹する前に責任を果たす」と上層部では話し合ったという。

イギリス艦隊と士官

威海衛襲撃にちなんでの話だが、鈴木艇長らが、碇泊地に帰って来たら、イギリスの軍艦エドガー（一等巡洋艦）の艦長が突然、鈴木艇長を訪ねてきた。鈴木は寝ていたが、水兵から、「イギリスの艦長が来ました」と報告があった。

眼をさまして見ると、明り窓のスカイライトから、大きな男が五人ほどのぞいている。鈴木は飛び起きて上甲板で挨拶した。

その艦長の言うのに、イギリスの艦隊は威海衛の戦闘を見学するために、伊東祐亨司令長官の許可を得て観戦に来ていた。そして、その一部の人たちが、鈴木艇長を訪ねてきたものである。

彼らは、「お前の艇は襲撃したか」と聞く。

鈴木艇長は、「襲撃した」と答える。

「成功したか」というので、

「成功したか、どうかわからない。しかし、激戦であったのは、この船の中を見ればわかるだろう」と言った。

先方は「見せてくれ」と言うから、「ご自由に見てくれ」と言い、見学させた。

砲弾は煙突に一つ、船のドテッ腹に一つ、小銃は五、六十発。その弾痕が明瞭にある。彼らはそれを検分し、感謝して帰っていった。帰るとき、

「貴君も戦功をたてたから、きっとイギリスへも来られるだろう。来たらかならず訪ねてくれ」

と名刺を置いていった。

その人は大将になったが、ふたたび逢う機会はなかった。まだ日本の士官でさえ訪ねて来ないのに、戦場の真っ只中に、イギリスの士官が艦長以下数名も来たということは、いかに彼らの研究心が旺盛であるかという証拠であろう。

もう一つ、この威海衛の襲撃の三、四日前は、非常な強風だった。水雷艇などは沈没しないかと思われるくらいの荒天で、四十度から六十度くらいまで艇が傾くという有様だった。その荒天の波浪の中を、山東省へ困難な航海をして来たのだが、その艦長が、

「あのひどい風では船が沈没しないか。沈没したら、すぐ救助に向かおうと思って併行して進んでいたのだったが、みんな無事によく波濤を乗り越え、栄城湾に避難できたのを見て大いに感心した」

と言ったのだ。

じつはその当時までは、イギリスの艦隊に対し、大いに不満を持っていた。いつも中国にばかり加勢するように思っていた。だから、困難な航海をつづけていたときも、

「イギリスの奴はけしからん。人が困難しているのを傍観している」

と、じつは憤慨していた。

それにもかかわらず、それが反対に好意を持って、もし沈んだら、すぐ救助しようという心構えでついて来ていた。

戦時というと、彼我の感情がまったくすれ違うことがよくある。好意をも敵視するということがしばしばあるのだ。鈴木艇長は、そうした点を強く感じ、反省していた。そして、前後のいきさつを、つぎのように語っていた。

「イギリスは戦争の初期、わが日本の動静を支那に連絡などして、裏では加勢していた。ところが、日本の陸海軍の武勇に感じ、支那は日本の敵ではないと悟った。黄海海戦後、イギリス政府からの訓令があって、日本にすっかり好意を持つようになっていた。

そのときから日英同盟の芽生えがあったと思う。イギリスはそういう点はまことに機敏である。

それから数日後に支那は屈伏したが、それは歴史の道のりだ。ただ、威海衛襲撃があってから二、三日して、私どもはもう一度、防材破壊に行った。これは司令長官から命令があっ

たのではない。

こうしたことは、戦いにはありがちのことだが、艦隊の水雷長あたりから、水雷艇隊の防材破壊が足りない、軍艦の進入できる入口を設けなければいかぬという議論が出て、艦隊中で小蒸気船とボートで防材破壊にいこうということになった」

水雷艇隊の防材破壊が不充分だという批評を聞いた。乗組員が何も腹を立てなくてもよいのだが、癪《しゃく》にさわったので、司令にその夜、

「哨戒するときに、彼らがどんなことをするか見てやりたいと思う」

と相談して、夜九時すぎ、小蒸気とボートの後をつけてみた。

すると、果たして敵の砲台から砲撃を受け、その隊は早々に退却して来た。

「よろしい。こちらでもう一度、防材破壊をやってやろう」

敵は意気消沈しているから、砲台からは撃って来るが、敵の水雷艇は何もせぬので、鈴木の艇ばかりでなく、第三艇隊の諸艇は、防材に艇をぴったりくっつけて斧で針金を切っていった。そして一隻で百メートルくらいずつ防材を切り、艇の尻につないで、翌朝、艦隊の真ん中に持っていった。引いて来たのは鈴木の艇ともう一隻、この防材は山口まで持っていって、工作船豊橋丸に渡した。

それは、御所の振天府に納められている。戦利品の中に、この防材でこしらえた腰掛けがあるはずだという。

煙草の魔力

明治二十八年（一八九五年）七月、鈴木貫太郎は台湾に派遣された。台湾征討は北の方は半分すんでいた。最初、基隆《キールン》に入り、ついで台北に行った。そのころの台北は城廓内城門がある。

城内に総督府があった。そのときは樺山資紀が総督で、海軍の参謀長は角田秀松。城外の盛り場は、いわば台北の銀座だから見学に行った。街を歩くと、なんとも異様な臭いがして閉口し、鈴木は早々に帰ってしまった。すると参謀が、

「バカに早く帰って来たが、街を見なかったんだろう」と言う。

「君は煙草を吸うか？」と言うから、

「吸うよ」と答えた。

鈴木は、もともと煙草は吸わなかった。しかし戦闘中、〝天狗煙草〟が配給になることがあった。それを進められて吸うようになった。

「そんならこれをポケットに突っこんでいけ。そうして、それを吸いながら歩け。そうすれば、臭みは感じなくなる」といわれ、煙草をもらってそれに火をつけ、くわえながら街を歩いた。なるほど、臭いがしない。

これはよいことを知った、と盛り場を歩きまわった。

「おかげで町見物をした。非常に賑やかで、いい街だった」と大笑いしたが、本当は少し汚い街だと思った。

(今は変わっただろうか。あのままだろうか)鈴木はもう一度、訪ねてみたいと思った。

それはともかく、鈴木はそのときから煙草に親しむようになってしまった。一日に二本ぐらいまで落としたことがあったが、その後、絶えることなく吸いつづけ、ドイツ留学時代は日に十数本も吸ったことがある。

しかし、結滞を起こしたので警戒し、一日の量を少なくして、五～六本にし、その後、負傷したとき医師に禁じられて一年ほどやめ、病気が全快して解禁となり、一日十二本。それが彼の煙草の歴史であり、戦歴である。

彼は常識を大切にし、教えを守る男だ。だが、煙草の魔力には勝てなかったようである。

台湾の台南が陥落し、その当時の総大将劉永福が苦力《クーリー》に変装して商船に乗って逃げた。これで台湾全島の占領がすんだ。凱旋である。

そのころ、困ったことが発生していた。膨湖島にいてみんな熱心に測量に従事しているうち、三十人くらいのコレラ患者が出た。原因は鯵《あじ》が採れ、それを食べたことにあるらしい。

春のころ、占領した部隊がコレラにかかって死んだことがあり、その菌が魚に付着して残っていたものと思える。

これは大変だ。これから佐世保に帰って病院に収容する、というわけだが、ノソノソ行けば一週間はかかる。その間に船の中に蔓延するだろう。とにかく隔離するより仕方あるまい、ということで、陸上に隔離した。

船の中は極力、消毒予防をする。ともあれ、一度にそれだけ発生したのだから、兵もなんとなく意気が上がらない。

軍医長に言って、衛生酒を呑ませたらよかろうと、食事前に衛生酒を呑ませ、それさえあれば大丈夫といって元気をつけた。

そのときの軍医長は奇抜な人だった。しかし、危険を冒して献身的にやってくれた。軍医長は寺島大洗大尉だった。

ずいぶんやかましく、食器をすべて熱湯につけ、便所のような手のさわるところは布を巻いて消毒液をくっつけておくように指示された。それを行なうのにだいぶ監督を厳しくした甲斐あって、その後は二人出たきりでおさまった。

患者三十人の中に、死亡者は十人未満だった。寺島軍医長はなかなか感心な人で、その下に少尉級の軍医がいたが、かれには患者の取り扱いはさせず、自分がみずから当たって医療をつづけていた。

「自分は年をとっているから、いつ死んでもいいんだ。若い人にやらせてはならぬ」

という信念をしっかり持っていたのである。

のちに軍医大佐になり、鎌倉にいて尊敬を集めた人だった。彼はそのころ自分には肺病があると心配して衛生に注意していたが、相当高齢となっても元気だった。

第三章　生と死の間

神仏の御加護

危険にさらされ、生と死の境まで追いつめられながら、鈴木はいつも危機一髪のところで救われている。神のお助けであろうか。

日清・日露の戦いで、猛烈な敵弾の中にいながら、かすり傷さえ負わなかった。平時でも不注意から死のフチまで行ったことが数回あったのに……。

少尉のころ、戦艦「天城」に乗って武豊に停泊したときだ。どうしたはずみか、入港のときに陸地へ乗り上げてしまった。舟を動かさなければどうにもならない。

まず重い物から運搬しようということになり、錨をとって運搬をはじめた。二隻のカッターに錨を吊るして深いところへ運んだ。

しばってあるロープにはピンがさしてあり、そのピンを引くと滑走するような仕掛けになっていたが、そのときはピンを引いても滑走しない。

これは二ヵ所で保っているので、一方が抜けて一方が抜けないときは、一隻のカッターは沈まなければならない。だから、斧でロープをいっしょに切った。ところが、なんと一方はあっさり切れてしまったが、他方は切れない。

「危ない」と叫んだが、カッターは水中に没してしまった。鈴木はそのとき、錨のすぐ近くにいたので、錨ごと九十メートルも海中に持って行かれてしまった。

舟が逆さまにひっくりかえるとき、カッターのシートに入ったならばお陀仏。もし舟べりにつかまって上がるなら助かると、とっさに考え、舟べりにしがみついた。

カッターの舳先《へさき》が十五センチぐらい水の上に出ていたから、鈴木は「ホッ」として、その舳先につかまって首だけ出していた。

「ああ、助かった」と安心したが、履《は》いている靴が脱げず、吊っている剣が身体にからみついてどうにもならなくて、フウフウ言いながらかろうじて水に浮いていたのである。

しばらくして、他のカッターが助けてくれた。幸いにしてなにも失わなかった。時計が塩水にやられて使いものにならなくなったくらいで、怪我一つせずに助かったのである。

そのさい、水兵はカッターから海に飛び込んで泳いだが、鈴木だけは危うく錨と心中するところだった。その後、戦艦「天城」も、都合よく浮かんで来たのである。

　そんなわけで、乗員が鈴木のために蘇生会をやろうというわけで、名古屋まで足を運んで大いに飲んだ。

　鈴木はあまり飲めない体質だったが、生命が助かったことと、乗員が自発的に祝賀会をやってくれたことに感激し、このときは大いに飲んだ。

　このほかにも死にそこなったことがある。それも鈴木としては恥を忍んで告白しなければならないほどのことだ。

　それは、どうも彼の怠慢に原因があるらしい。戦艦「金剛」の航海長のときだった。明治二十九年（一八九六年）といえば、彼が海軍大学校に入学する前年である。

「金剛」は呉から東京へ回航し、その帰りにお伊勢参りをすることとなり、鳥羽に停泊した。鈴木はそれまでに数回、伊勢参宮をすませているので、そのときは艦に残ることになった。艦の中は、ほんの一握りの人しか残らず、ひっそりとしていて、お通夜のようだった。

　空は澄み渡り、月は中天にかかって、美しい光が伊勢湾いっぱいにひろがっている。初秋といっても、南国の残暑は、月が中天まで来ているのに去り難く、狭い船室は蒸すように暑い。

　鈴木は、艦尾に突き出たノルデン砲座の鉄格子の上に座った。ここは格別涼しい場所で、足下は海、頭上には大砲、あまり気分がいいので眠ってしまった。

どのくらい眠ったか、時間はわからないけれど、眼が醒《さ》めて、なんの気なしにフッと立ち上がったら、ゴッンと自分の頭を大砲にぶっつけてしまった。

頭がフラフラし、そして重心を失ったらしく、十メートルほど下の海へもんどり打って真っ逆さまに墜落した。

身体が凄いスピードで潮流に押し流されているのに気づいたので、子供のころ習いおぼえた抜き手を切って泳いだがダメ。潮流が早くて強いので、容易に艦尾へ泳ぎ着けないのである。

救いを求めようと咽まで声が出かかったが、海軍将校が海へ落ちて、「助けてくれえ」などと恥ずかしくて言えることではない。仕方なしに、眼と鼻の先にある艦尾に向かって伊勢の海と死闘をつづけた。

そのうちに努力の甲斐あって、少しずつ身体が進み、舵の鎖に手がふれたときはグッタリと疲れ、フウフウ言っていた。が、安心するとともに勢いを盛り返し、どのようにしたら艦の上に登れるかと工夫するほどになった。

鎖の間に親指を突っ込み、そして登って行くと、ほんの少しだが上がれるようだ。

苦心して五～八メートル登ったけれど、縄梯子には一メートルくらいだが手が届かない。

ここで知恵をしぼり、帯をといて、それに一つ結び玉をつくり、それを前後に振って縄梯子に引っかけ、サーカスのように帯を伝って後甲板のデッキにはい上がった。

月の光を浴びて、信号兵がブリッジに立っている。

「オイ」と彼を呼んで、

「わが輩が海に落ちたのに、気がつかなかったか」と怠慢を叱った。

びしょびしょの寝巻き一枚。奮闘努力のせいで、身体は綿のように疲れている。

「航海長、落ちましたか。さっき後ろの方でボチャンという音がしたと思いましたが、なんだかわかりませんでした」という呑気な返事を背中で聞いて、部屋へ急いだ。

軍艦の遠洋航海のときなど、とくに熱帯地方を航海しているときは機関長、かまたき兵など罐の前で仕事する連中が、日没を待って甲板の砲台で涼をとるものであるが、砲台は舷外に突き出ているため、眠ったまま海へ落ちて死ぬという事件がいくつもあった。

わかればすぐ救助に向かうが、だれもわからないうちにいなくなって、ついに行方不明で終わってしまう。

鈴木は翌朝、なにくわぬ顔をして食堂に行ったが、自分の従卒で、身辺の世話もしてくれる兵が来て、

「航海長どの、寝巻きが濡れていますが、どうしますか？」と大きな声で聞く。

みなは、さては落ちましたね、というわけで、とうとう白状することになって大笑い。

「あんた強情だな。命がけの頑張りだね」と冷やかされたり、ほめられたり、汗びっしょりのていたらくだ。

しかし、鈴木としては生命は惜しいが、助けてくれというのは男らしくない。どうしても声が出なかったらしい。鈴木は、「再三危険な目にあいながら、その後も駆逐艦『不知火』や二・二六事件で三度も気絶したにもかかわらず、長生きしたというのは、自分の力だけではない。幸運というだけではもったいなくて説明ができない。なにか目に見えない大きな力が自分の身辺にあって、その御加護で、当然死なねばならないような場面に出合いながら、それをまぬがれて来ているように思われてならない。それを私は堅く信じている。神仏の御加護のせいだと申せば、一番よくわかるように思う」と説明している。

加藤大佐の発案

明治二十九年（一八九六年）三月半ばに凱旋し、海軍部隊は佐世保に入ったが、時が過ぎたためか歓迎もなく、さみしい入港であった。一番最後まで戦っていた者は忘れられてしまうらしい。

鎮守府から参謀が来たので歓迎かと思って出迎えたら、「海門」はどこから来たか、という始末である。いやしくも参謀がこんなことを言うとは何事だと、しゃくにさわって、「日本の軍艦では最後の凱旋だ。われらはどうでもよいが、艦長だけはうんと歓迎してもらいたい」

と頼んだが、なにもしてくれなかった。

しかし、艦長は長官に招かれて御馳走になった。

四月初め、鈴木は、「比叡」の航海長兼分隊長となって呉に行って乗艦した。

ところが、これは修理をして練習航海の準備をするというので、終始、艦内にいて、その方に努力していたが、十一月末には完成した。

十二月に、練習艦の「金剛」航海長兼分隊長に代わった。

せっかく「比叡」に乗り、練習艦の準備をし、航海長としては相当尽くしたつもりでいたが、その年の十二月、いよいよ遠洋航海に出るときになって航海長をやめさせられ、分隊長となった。

練習艦隊に行くときは、いまに駆逐艦ができるから、そのときの回航委員に君たちをやってやるというありがたい話だったが、専門の人がその方に行って、彼らにはお鉢が回ってこない。

遠洋航海にやって、結局は英国に行くことを帳消しにするのではないかと疑いを持つようになった。航海長であってこそ、練習艦隊の練習にもなる。分隊長は練習候補生の教育関係であるが、伴食の分隊長で、はなはだつまらないと感じていた。

だが、その問題を露骨に言うことができないので、

「海軍大学校に入りたい。志願するから、やっていただきたい」

と申し出てみた。ところが艦長は、

「海軍大学校は試験が厳格だ。君は確実だろうが、学校に入ってもつまらんから、遠洋航海に行った方がいい」

と言って、しきりにとめたが、

「つまらんと思ったときは、むしろ学問した方がいい。いやな航海をしているのは、なお嫌だ。大学校に入る、入れなくとも、それは時の運だから……」

といって鈴木が頑張るので、仕方なく艦長は上部に進達した。

十二月にはいよいよ「比叡」乗組を免ぜられ、「金剛」の航海長を命ぜられてしばらく呉に残ることとなった。それから翌年まで「金剛」の航海長を命ぜられ、その間に海軍大学校の試験があった。

その試験は、「艦隊における最良の戦闘陣形を論断せよ」であった。

この対策がわかっていれば、艦隊の長官になれる、といわれていた論議である。「鳥海」にいるときに暇にまかせて戦術を研究していたが、それが役に立った。なんでも一ヵ月の間に仕上げろ、という問題だったが、三日の間に完成、提出した。

それから砲術、水雷術、運用術、航海術の試験もあった。「暇にまかせての勉強」が、効果を上げ、全試験ともパスした。後で試験官だった島村速雄に聞くと、

「全課目パスだが、とくに『対策問題』はズバ抜けて優れていた」

とほめられた。

「鳥海」に乗り組んでいたとき、「つまらんときには本でも読め」という海軍諺を実践した結果、このような幸いを呼んだのである。

その読んだものが、時がたってから用をなすのだ。まさか大学校に入るのに役立とうとは思いもかけないことだった。

それ以来、暇なとき、不公平な処遇と感じているときなど勉強するに限ると、思うようになった。

三月末、海軍大学校から入学許可の通知があった。ところが、このときは後の規則と違って砲術を学んだ。それが一年ほどかかり、明治三十一年（一八九八年）四月には砲術学校を卒業した。つづいて甲種学生になった。

それは参謀やその他の重要職にあてるための教育である。修了は二年。鈴木は砲術の専科をやっていたから、甲種学生の方は明治三十一年十二月卒業、同時に軍令部第一局員、軍務局軍事課課僚ということになった。

それから明治三十二年（一八九九年）二月、軍令部の方の本職を免ぜられ、軍事課へ専補となった。それと同時に陸軍大学校の兵学教官となった。

明治三十二年七月、学習院の教授兼務を嘱託された。

このとき、軍務局軍事課長に加藤友三郎大佐がなっていて、軍務局と海軍大学校を加えて学校三校の教授を引き受けざるを得なくなった。

考えてみれば、ひどいことをするなと思った。人間には時間の制約がある。寝る時間まで節約しろというのか。とにかく頭にきた。しかし、落ちついて考えてみると、己れの修養になるという点に気がついた。

そこで「よし、やれるだけ、やってみよう」と方向転換をすることにした。

だが、時間の節約のため家から出るにも、車に乗らなければならない。経済上、困ることだし、骨が折れるのも予想通り。しかし、不平を並べず、黙ってやっていた。

その年の末、加藤友三郎大佐が、

「君は家から来るときに車に乗って来るそうだ。そりゃ困るだろう」と言うので、

「困ります」と正直に答えた。

その年から陸海軍の交換教官には、賞与をあたえることになった。それがつまり車代となって、後々まで非常に助かった。

それは、加藤の気づいた発案であった。己れの部下たちを締めつけるだけが、上官の任務ではない。心配ごとなど取り除いてやるのも任務の一つ。大抵の人々はその点を忘れているのか、気づいていなかったのか、ちょっとしたことで、下級将校は苦労していたのである。

ところで、鈴木貫太郎はどうか。やはり兼務がいくつもあると苦労する。

「おかげで痩せてしまった」と嘆いていた。

大学校教官の忙しさは、そばで見ていても気の毒、と思えるようで、

「あんまり担任が多いと苦労する。一つ兼務を解くようにしたら……」というので、

「さっそくお頼みしたい。海軍大学校の兵学教官を免じていただきたい」と言うと、

「それはいかん、代わる人がない。陸軍大学校の兵学教官を免じよう」

と、明治三十三年（一九〇〇年）三月に免ぜられた。代わりは土屋金民だった。

微妙な人心

明治三十三年五月に教育本部ができて、鈴木も部員になった。それまで兼務でやってきたが、それから後も兼務は元通りだった。

同じ明治三十三年、軍令部の発案で、甲種魚雷と称し、千メートル進行の魚雷の調整弁に修正を加え、速力をいちじるしく減じて、その代わり到達距離を三千メートルに延長し、遠距離より敵艦を攻撃せんとする計画を立て、軍令部長より海軍大臣に提出された。

これは、ロシアの戦術家マカロフ海軍大将の戦術書から由来したものである。ところが、この問題の解決は鈴木の主務に属するもので、鈴木はただちに反対した。

その理由は、このような十二、三ノットばかりの速力の遅い魚雷は、昼間、敵艦を襲撃し

ても、すぐ回避される恐れがあり、また当たっても、いまの爆発装置では発火しない。即発火するためには、敵艦の速力よりも少なくとも五ノット以上の速力を保たなければならない。また夜間、停泊艦を襲撃するにしても、二千メートルや三千メートルの遠距離からは、敵艦を認識することはできない。少なくとも五百～六百メートル以内に接近しなければ、確実な成功は得られない。

「いずれにしても、このような計画は有害無益にして、いたずらにわが勇敢なる軍人を卑怯者にするばかりである。マカロフ提督は、有名なる戦術家であるが、この問題については、おそらく机上の考案にて通論にすぎず、われわれは日清役実戦の経験より、とうていそれに賛成できないのである」と彼は言うのである。

すると、軍令部より高島万太郎少佐が来て、

「貴様、因業なことを言わずに印を捺《お》して早く通せ」とねばる。

「そうはいかぬ。それは将来、わが海軍にかならず累をおよぼすから、軍令部でこの書類を引っ込めたらどうだ」

と言って、鈴木は承知しなかった。

そこで軍令部から、瓜生外吉大佐や外波辰三郎中佐が軍事課長の加藤大佐に交渉すると、課長は、

「鈴木の言うことが正しい」

常に困った。
　と言って、承知しない。それに軍務局長の諸岡頼之少将も同様の意見だから、軍令部は非
　ついに伊集院五郎軍令部長が海軍大臣に直接交渉することになったが、山本大臣も困って
斎藤次官に処置を命ぜられた。
　斎藤次官は鈴木を呼び、
「理屈はともあれ、軍令部長が太鼓判を捺して海軍大臣に移してきたのだから、温順に印を
捺して通したらどうだ」
　と言われた。鈴木は、
「平生執務しているさい、大臣に過《あやま》ちのないようにと心がけておりますが、この問題は他日
かならず大臣の責任になると思いますので、反対しております。この問題の非なることをみ
ずから知りつつこれに捺印するということは、私の良心が許しません」
　と申したところ、次官は、
「君が印を捺さなければ、課長も局長も印を捺さないだろう」
「そうだろうと思います」
「大臣がそれを決済したら、君はどう思うか」と反問したので、
「それは別の問題です。そのことについてはなんとも思いません。元来、この問題は軍令部
と軍務局の意見の対立でありまして、その是非は将来、いずれの日か決せられるでありまし

ょうが、いま大臣が責任を持っていずれかに決済せらるるということは、まことに当然のことと存じますので、毛頭不満はございません」と言ったら、次官は、

「それなら、その書類をさっそく官房に移すように……」

と命ぜられたので、軍務局に帰ってただちに課長、局長に知らせ、書類を官房に移し、大臣がこれを決裁された。

その後の始末は、やはり軍務局で取り計らい、関係各部に通達させて一段落を告げたが、軍務局の関係者の捺印なしに実行された書類は、これが空前絶後と思われる。

明治三十四年（一九〇一年）の演習のときだった。鈴木が軍務局から大演習の審判官陪従として駆逐艦に乗った。

ところが、艦長の藤本はなかなか元気者で、まず倉橋島の望楼を、陸戦隊を出動させて破壊してしまった。望楼員は慌てたため、暗号を残して逃げた。

それがあれば、呉の軍港の中に入ることができる。それを持って呉の中に入って軍艦攻撃をやるというのはまことに面白い。やれやれと事の成り行きを見まもっていた。

日清戦争のときにも、疑いなしにスーと行けば通過させてしまった。ここが人心の微妙なところで、こちらが迷えば向こうも疑う。

やはり呉の哨戒艦が出て来た。信号をやった。黙ってスーと行ったら、中へ入ってしまった。水道の口さえ入れば、もう哨戒はない。中へ入れば、敵艦の乗員はみんな寝ている。こ

れから襲撃するのだが、それが入ったのをだれもとがめない。「八島」「常磐」の間に入り、百五十メートル、二百メートルで水雷を発射した合図に、ロケットを使って行なった。

当たるのは当然だ。このままじゃつまらない。どうするかと思っていると、変わったようすもない。そこで駆逐艦のボートを降ろして、鈴木はまず「常磐」に行った。

洋行から帰って艦長になったばかりの出羽重遠が寝巻のまま出て来た。鈴木の容易ならない襲撃に驚いて、寝巻のまま起きて来たのである。

「八島」へ行ったら、ここは司令長官片岡七郎中将の旗艦だ。参謀長が出て来た。ここには審判官荒井少将がいた。

「それは廃艦になります」と言ったら、

「仕方がない。寝首をかかれたも同然」といって廃艦を宣した。

そうすると、それをそばで聞いていた参謀長がプンプン怒って、

「そんなことはない。こんなところに入って来るやつがあるもんか」

といって立腹したが、すぐ廃艦の印をつけた。どうもそのために演習の手順がすっかり狂って、具合が悪くなった。

大体、その艦隊が逃げ出していかないと演習が成り立たない。そうすると、追いかけ回す方が困ってくる。

藤本艦長の駆逐艦は、倉橋水道を通って逃げてしまった。そうして悠々と帰って待ち伏せした。

そのために演習が手違いになり、巡洋艦だけが大畑の水道を通って逃げてしまって、演習中止となった。

審判会議で、「廃艦はいいが、演習をぶちこわすのはいかん。それは廃艦にしない方がいい」と議論が出た。

それに反して、「これは規程通りやったまでで、演習の実行が不可能になるわけではない。ある時間後、艦の勢力を復活したらよいではないか」というように、だいぶ議論が出たけれど、その後の演習では差し支えない限り復活することになった。

明治三十四年七月、鈴木はドイツ駐在を命ぜられた。駐在という名前ではあったが、本当は留学である。

その後、公使館付武官が駐在武官を監督しているが、当時は別の命令で来ている。したがって、公使館付武官の命令を聞く義務はないと、なかなか言うことを聞かなかったらしい。

実際にドイツへ行ったのは九月七日、ベルリンへは十月三十日に到着した。

船で勝田主計と乗り合わした。彼とは始終、話をしており、その後もずっと懇意にしている。

途中、シンガポールから英国人が乗船したが、彼は新聞記者で、船上で運動をやっていたり、トランプの賭けをしていた。このほかにドイツ人が一人乗っていたが、仲間入りもせず、本ばかり読んでいた。

どうもこの英国人とドイツ人は、性格が合わなかったようだ。もっと突っ込んで言えば、英国人がドイツ人を軽蔑しているように感じられた。

ある日、ドイツ人が部屋を間違えてバスルームを開けたところ、英国の婦人が入浴していた。この話を聞いた英国人は、けしからん奴だ、制裁をせにゃならんと怒り、よほど殴ったらしい。ドイツ人は大怪我をした。

ところが、つねづね日本人からすると、なにもそんなにまでしなくても、ドイツ人が謝ったらそれでいいではないか。そこで納めるべきだ。しかも、その殴り合いを船長の英国人がとめもしなかったというのも、はなはだ不愉快である。そこで勝田主計が注意しようということになった。

勝田は非常に英語が達者だから、

「いやしくも日本の商船（郵船の船）の中で、こうしたことが起こるのは許しておけない。欧米の船だったら、こんなことがあれば船長がただちに仲裁に入って乱暴などさせない。こんなことは大体処置すべきで、とくに甲板上で喧嘩をするなどはまことにけしからん」

というわけで、船長を詰問した。

船長もすっかり恐縮して、「決して日本の船を軽蔑したわけではありません」と、平あやまりにあやまり、英国人らに対してすぐ警告した。

勝田は函館の税関長をしていたので、本社に報告しようものなら、この英人船長はすぐ免職になるのは間違いない。しかし、勝田も立派な人物である。英人の職を奪うようなことはしなかった。

ウィルヘルム軍港

これも英国へ洋行中の出来事である。己れの決意を押し通したため出世が遅れた話だ。

「自分は天才ではない。語学を稽古しても口がつたないから、せめて目をはたらかすのがい い。それには駐在の費用を節約して得た金を持って旅行するにしかず」と、鈴木は考えて、最初からそれを実践していた。だから、お陰で他のドイツ滞在の者より旅を多くすることができたのである。

その旅行中に瀧川具和《ともかず》大佐から、キールに行き、キール軍港に常駐して、語学を勉強しながらドイツ海軍の状況を偵察せよ、という命令があった。

鈴木は真剣に考えた。スパイをやるのは自分の性分に合わない。のみならず、自分の任務はドイツ海軍の教育を取り調べよ、ということだったし、スパイをやって報告するのとは任務がまるで違う。

「キールへ行くのは御免こうむる」と言ったら、瀧川は大いに感情を害したようだ。

鈴木はその年、中佐に進級することになっていたようだったが、一年遅れてしまった。

「言うことを聞かない奴」の評判が上層部の耳に入ったからららしい。


鈴木は語学を専心勉強したかったが、ハノーバーというところが純粋のドイツ語で、しかも英国風の下宿があり、家庭的に世話してくれるという情報があった。

明治三十六年（一九〇三年）の三月一日、鈴木は語学勉強のためベルリンを去ってハノーバーに行き、化学工業家ルードルフ・ハインツという人の家に下宿した。

この人の工場は、イタリア北部にあるため、自分の家で暮らすのは土曜と日曜日だけ。彼の帰ったときには、よく工場視察に連れて行ってもらった。

ある日、中学生であるハインツの息子が、代数の宿題で手をやいていた。鈴木に、「キャプテンは代数を知っているか」と言うので、手取り足取り教えてやった。

息子が喜んでお母さんに報告したところ、お母さんは非常に驚いたらしい。土曜日になって親爺が帰って来て、いっしょに食事をしたが、その席で奥さんが夫に、

「キャプテンは代数を知っていて、子供に教えてくれた」と話したら、

「代数を知らずに海軍士官になれるものか」と夫は言った。

夫婦とも、学問はあるが、語学ができないとなんにもできない人間と考えているようだが、

それは外国人の日本人に対する普通一般のようすらしい。

下宿の主人ハインツの友だちで、ジョウサンという人がいたが、非常に親切な人で、鈴木を優遇してくれた。ハノーバーで大きな染料工場の社長をしている。

ある日、自分の工場を見せてやろう、と言ってくれたが、ずいぶん大きな工場で、日本へ輸出する染料を造っていて、横浜あての荷物を出していた。

原料など、いろいろ話してくれたが、聞き手がズブの素人だから、皆目わからない。

材料を煮たり、焼いたりする釜があった。温度が秘密だそうである。それについては、釜の取り扱いが秘密なのだ、と言っていた。

帰ってから、家主のハインツに、

「この工場を見たことがあるか」と聞いてみたら、

「ジョウサンの工場は、同じ町にありながら一遍も見たことがない。これは同業者の道徳で、先方の工場には出入りしないことにしている。お前は海軍士官で、いくら見ても真似することはできないから、いくら見てもいい」と言った。

その辺りがドイツ人同業者の信用で、お互いの秘密を守るところが知られて奥ゆかしい。日本では真似をするか、専門家に話してすぐやるけれど、彼はそんなことをしない。

大抵似かよった同じ染料をやっているのだろうが、それでも温度だけはだれにもわからないようにしている。

鈴木はプロイスという女性について語学を勉強した。相当な年配だが独身で、世間の人はプロイス嬢と呼んでいた。

プロイス嬢の母親はまだ元気で、この一家は十数人の娘さんを預かって下宿させ、通学させている。母親が十数人の監督をしており、ほかの下宿とはまるで違う。身辺から勉強までめんどう見ていて、下宿というより、塾と言った方がぴったりだった。

遠方から安心して子供をまかせることができるという工合で、朝起きてから寝るまでの、やるべき仕事も厳格にやらせていた。親は本当に安心していられるわけだ。

それから五月の十日にハノーバーを出発して、ウィルヘルム軍港へ軍事視察に行った。ところが、その汽車に乗ろうとしたとき、かねて親切に世話してくれたベレルスという先生にバッタリ会った。その当時ベレルスは、大学教授で海軍の経理局長をしていたし、ドイツの枢密顧問官であり、世界的に有名な国際公法学者でもあった。

その人には二、三人の海軍大佐がついており、いっしょにウィルヘルム軍港へ行く途中だが、鈴木にもいっしょに行こうと言う。それから、

「われわれの箱へ入れ」というのでついて行くと、

「お前は外国人だから、白切符だろう」と言う。

「その通りだ」と答えたら、

「ドイツの汽車は、白切符を持って入る者は田舎者か外国人だ。それでわれわれは始終、青

切符で旅行する。遠方へ行くときには一等が必要。しかし、その日のうちに着くところなら二等が一番便利」というのである。ドイツにおける乗車券を入手するための虎の巻とでも言おうか。

鈴木はとうとう田舎者にされてしまったが、それからは二等の方へいっしょに乗って軍港へ行き、三日泊まって、詳しく案内してもらった。

この軍港は、キールと並んでドイツのもっとも大きな軍港で、設備もなにもかも立派なものであった。

いろいろの方式は、日本と違うところがたくさんあったが、その中でもっとも感心したのは、日本ではとうてい見せてくれないようなところまで見せてくれたことである。火薬庫、弾丸庫など、陸上の大設備までもくわしく説明して案内してくれた。それから、それら計画の膨大なのを見ると、火薬庫、弾薬庫などは予定敷地中の四分の一をとっている。

そこでドイツは非常な海軍拡張をするなと、鈴木は直感した、という。

その当時の三倍の海軍力になっても余裕があり、すべての規模は大いに延びるように設計されていたのである。

海兵団に行って、下士官の引き締まっているところを見ると、兵舎内には下士官は細君と同棲することのできるアパートがある。これは日本では許されぬことだが、子供も両親といっしょに育ち、小さいながら学校もある、というふうに、なかなか行き届いていた。

最後の言葉

明治開国と同時に欧米の文化を移植した日本の姿は、世界各国を驚かせた。近代国家の変遷、経済機構、産業の改革、国軍の編成、陸軍はドイツ、海軍は英国のそれを研究し、軍の装備を完成した。そして日清、日露の両戦役に勝利したのである。それは日本が、アジア民族の親交を求めたが、戦争以外にその方途がないことを知り、仕方がなく銃をとったものである。そして、日本の背後にあって日本にきわめて友交的であったのは米英であった。

これらの戦争により、ロシアの報復も、その他の国々の侵略を警戒する必要も起こらず、平和国家として産業発展に努力することが可能となったのである。

とくに欧州では、第一次世界大戦に突入し、日本は好況に恵まれた。が、成功者たちは、利己主義のため、長期的に見ると、日本再建には大きな効果をもたらすことは不可能であった。

日本は中国との協力を旗印にし、大東亜共栄圏の結成を唱えながら、その実態はつねに武力干渉、シベリア出兵など、常識では測り知られざる行為を重ね、ために排日が叫ばれるようになり、その結果、中国と肩を組み、ともに繁栄をはかる大きな夢とは、まさに逆の方向に進んでしまった。

そして昭和五年（一九三〇年）、浜口内閣がロンドン海軍条約を調印し、主力艦に関する英米日三国協定によって、その比率を五・五・三と決め、世界の軍事拡大の不幸を除こうとしたが、この協定をわが海軍は、天皇の統帥権を犯すものと主張した。

しかし当時は、日本には、それほど戦争勃発のきざしもなく、さらに近代戦に向かって機械戦、主体戦などに、その準備を変革する時代であっただけに、むしろこの協定は幸いと言わざるを得ない。

このころ、鈴木貫太郎は海軍軍令部長から侍従長になり、陛下の側近になった時代である。談たまたまロンドン会議の五・五・三の比率におよんだが、この比率は日本側にとって大変低いように見えるが、世界各国の建艦競争による非を悟っていた彼は、「それでよい」と喜んでいた。

そのとき彼が考えていたのは「世界の永遠の平和」についてであった。この永遠の平和は、彼の臨終の最後の言葉でもあった。「世界の永遠の平和」は終始一貫、彼の望んでいたことなのである。

ともあれ、昭和五年三月三十一日、五・五・三の比率に関する軍令部長加藤寛治の上奏を、側近者鈴木貫太郎が阻止した、という噂が飛び、各新聞社が重要ニュースと定め、記者は、特ダネ競争にしのぎを削った。

五・五・三の比率のうち日本だけが三という数字に対して、右翼関係者が憤慨し、海軍の若い者に火をつけたため、「軍縮会議は失敗であった」といわれた。とくに、全権使節として会議に列席した財部彪海軍大臣に対する批判が相当深かった。

そのころ軍令部長加藤寛治と次長末次信正は強硬派で、それに対して岡田啓介軍事参議官、山梨勝之進海軍次官が、その間に立って活躍したのである。

ところで、世に伝わる鈴木貫太郎侍従長が加藤軍令部長の上奏を阻止したという問題のことのおこりは、加藤軍令部長の「三月三十一日上奏決意の日」という文書にあった。それによれば、

「本日いよいよ事、急にして上奏のほかなきにいたれるをもって決意、宮中のご都合を伺い奉りしに、午後二時、侍従長が官邸においてお待ちするをもって来邸せられたく、その上にてお答えせんとのことなるをもって、九段官邸において面会す。侍従長は海軍と外務の相剋、海軍部内の軍規問題（軍縮意見の任意発表にからみ）宸襟《しんきん》を悩まし奉るの不可なることより、ふたたび作戦に言及して、潜水艦固守のわが態度を難じ、最後に本日の軍令部長の上奏は、社会的に影響するところすこぶる大なるの理由をもって、予に考慮をうながし、本日は午後五時までは、ご他用にて取り計い難く、また夜間は目立ちて問題を大きくするから控えられたしと。よって予は明一日、政府の上奏と同時に決行せんとの意図をもって、それ請いたるに約諾を得たり」となっている。

鈴木貫太郎の話によれば、

「この上奏は、初め浜口総理からロンドン条約のことについて上奏するという申し出があり、さっそく陛下に伺って、明日何時ということにご指定があった。軍令部長の方から、同じ問題で上奏の申し出があったことから端を発したものであり、陛下に双方から別々に上奏され、陛下御自身に御判断をお任せすることができないとの考えから出たことである」という。

じつはその前日、山梨海軍次官が鈴木貫太郎のところに行き、ロンドン条約問題につき海軍部内で混乱が生じており、加藤軍令部長が総理の反対上奏をするという噂があると知らせて来た、その矢先であり、部長に真意を聞くことにしたのである。

「軍令部長は反対上奏をするという噂を聞いているが、君はそういうことをするのか」

と聞けば、

「じつはそうだ」

と言う。そこで、

「それは変ではないか。兵力員の決定は、もとより軍令部長の任務であり、軍令部長がいかんと言ったら、総理大臣はその意見に従わねばならん。自分の決めた兵力量を総理が上奏するのに、『自分は反対です』『いけません』とあとから上奏するとすれば、お困りになるのは陛下御自身で、道理にもとるような結果を生ずる。君はどう考えるか。

じつは自分が軍令部長であった昭和二年、ジュネーブ海軍軍縮会議において、兵力量を出先で勝手に決めたことについて、私は岡田海軍大臣を通じて斎藤実首席全権に反対だと電報して取り消したことがあった」

このように鈴木は、加藤寛治軍令部長に、自分の通って来た実際の道を惇々《じゅんじゅん》と話した。

そのとき加藤軍令部長は、

「なるほどそうだ。よくわかった」

と、さっそく上奏は中止され、その問題は一段落した。

大体、軍部からの上奏は、侍従武官府の取り扱いで、後日、兵力量について軍令部長の上奏が行なわれたのであった。

が、財部海相が全権として若槻とともにロンドンへ赴いたあと、東京における海軍首脳の中にあって、当時、軍事参議官の岡田は、海軍の最長老として、またジュネーブの前軍縮会議の際の海相として、そのロンドン会議の推移を見まもりつつ、一方、条約批准までの荊棘《いばら》の道に、部内取りまとめの大役を引き受け、岡田の機略と情勢判断の才は、そのことを成功に導いたのである。

とにかく軍令部長が己れの職責についてはっきり知らなかったことから、いたずらに混乱を招いたきらいがある。とくに当時は、反対政党であった政友会の政府転覆の具に供され、軍令部長の兵力量に対する不満に便乗して、統帥権干犯などといろいろな論議を流し、軍令部長が奔弄された観がある。

その揚句、ついに浜口首相は煽動に乗ってしまった。無知な佐郷屋留男のために狙撃される結果となったのである。

世の中は一般的に、こうしたことに対しての原因もたしかめず、やたら付和雷同する者が多い。政治は、つねに正しく、かつ真実を知ることがいかに必要であるかをつくづく感ずるのである。

広大なる天皇の権限の下に配するに、臣下の責任者が輔弼《ほひつ》する。この立憲君主制の下に立った明治の歴史では、ここにも憲法上の国政、軍令の対立の消長を見ることができる。この現象は、明治、大正、昭和の御代へ移って顕著となり、いよいよ強大となった軍の発展は、徐々に政治への圧力と化した。

昭和七年（一九三二年）の斎藤内閣以下、政党政治は姿を消し、いわゆる国政は挙国一致内閣に代わった。岡田内閣のときに起こった二・二六事件以来、さらに拍車をかけて、内閣の性格はますます軍閥の圧力に屈し、ついに太平洋戦争にまで突入するにいたったのである。軍令部長の上奏を阻止したという誤りなど、まことしやかにひろまったのは他に例を見ない。

一体、どこからそんなことがひろがったのだろう。張本人と言われた当の鈴木が知らない。加藤に聞いても、そんなことは言わないという。自身も弁明したことはない。迷惑な流言である。とめどなき奴は公判で述べている。それほどひどい間違いは地球上初めてである。

宮内省において側近の責任を明らかにする者には、そんなことはあり得べからざることである。軍に関する上奏は、すべて武官長を経て行なうことになっている。

それには侍従長はまったく関与していない。厳正なる規定があって、侍従職と武官府との仕事の限界はきわめてハッキリしているのだ。これくらい明らかなものは珍しい。

それぞれ官制があって、文官側の上奏、拝謁などに関しては侍従長が取り扱う。参謀総長、軍令部長、陸海軍大臣、教育総監については、すべて武官長において取り扱うことになっている。

それくらい明瞭なものはないのである。それを間違うとは、ずいぶん人を喰った話だ。陰険な政治家が、でっちあげたものと想像されているが、それはもうこの世にいない。噂が影のような、幽霊のようなものになっている。本当に馬鹿げた話だった。

世界戦争への糸口

日本の直接軍事行動の第一歩は、昭和三年（一九二八年）六月、奉天で起こった張作霖列車爆破事件である。張作霖を倒したため、彼の後継者張学良は日本に敵意を持ち、抗日に走り、蔣介石《しょうかいせき》と手を結んだ。その後、満州事変、日支事変が起こり、さらに世界戦争への糸口となった。

朝日新聞の昭和三年六月五日付の夕刊は、張作霖列車爆破事件では、ほぼ一頁ほとんど全面を埋めている。

「奉天駅に近づける矢先、張氏の列車爆破さる。張作霖始め負傷多数。満鉄陸橋も破壊さる」

との見出しで、本文にはこうある。

「(奉天特派員四日発) 四日午前五時半ごろ張作霖氏の乗った特別列車が満鉄奉天駅を距る一キロの満鉄線の陸橋下の京奉線を驀進中、突然轟然と爆弾が破裂し、満鉄の陸橋は爆破され進行中の張氏の特別列車の貴賓車及び一般乗客用三台破壊され、一台は火災を起こし、陸橋も目下燃えつつあり。我が守備軍及び警官出張中である」

「(奉天特派員四日発) 張作霖氏は無事危難を免れ、自動車にて城内の私邸に帰ったが負傷の模様である。負傷者はかなり多岐にのぼり、苦しいうめき声を立てて救いを求めている。列車中の負傷者は乗込み中の支那兵士が運び出したが、付近通行中の支那人で負傷した者も相当あり、自転車など、あたりに飛び、付近住民宅の窓ガラス等全部破壊されている」

「事件を日本の陰謀となし。奉天の日支間雲行険悪。城内の邦人引揚げ始む」

「(奉天特派員四日発) 張作霖顧問町野大佐は北京出発のさい張氏と同車し、奉天に来る予定であったが、途中用事のため山海関で下車したので、四日の事件から免れた。四日の爆弾事件に関しては、支那側の昂奮その極に達し、この事変は全く日本側の所業であるとし、流言盛んに行なわれ、一時は瀋陽駅に張作霖氏を出迎えていた日本新聞記者等にまで拳銃をつきつけ、発射せんばかりの見幕であった。

なお、城内方面は人心恐々たるものがあるので、四日朝八時、関東軍司令部はとりあえず城内居留民保護のため約百名の兵士を急派し、厳重警戒につとめ、わが警察隊とともにその保護についた。支那側の今回の事変は全く南軍便衣隊の所業であることを推察したらしいが、これらの事件により奉天はますます多事ならんとしている」

「(昭和三年六月四日発) 列車爆破事件起こるや支那官憲は、張作霖氏着奉天記事収集のため瀋陽駅にあった正規の認可証を与えた日本側通信員に対し、日本人は一人残らず停車場から追い払うと怒鳴りながら銃剣を擬して追い回した。また、登校の途中、小西辺門通行中の中学四年生布川鉄哉君は、支那兵の銃剣で重傷を負わされた。城内邦人は危険を感じ、目下続々非難中」

トップ記事で、四段見出しである。つぎに掲載した記事は三行見出しだが、記事は四段にわたって書かれている。筆者はかつて新聞記者を十八年ほどやったが、こんな大がかりの記事は初めてお目にかかる。日中国交に大きく影響する事件だから、記者に対する影響もきわめて大きかったようである。

前の記事以外の見出しを記しておく。

「張作霖氏は顔面に微傷。一時は人事不省に陥る。同車の呉俊陞氏も負傷」
「怖るべき破壊力を有する強力なる爆薬を埋設。南軍便衣隊の所業か。怪しき支那人捕わる」
「列車は無残に粉砕され、惨憺たる爆破の現場。満鉄、京奉両線不通」
「孫軍殺到の情報に大混乱の天津市街。目抜きの商店閉店して、右往左往の避難民」

満州事変のときの内閣は若槻礼次郎内閣であるが、盧溝橋事件の第一次近衛文磨内閣でも、つねに不拡大方針で、しばしばその手を使ったが、事実は反対となり、軍事行動は拡大の一途を辿っていくのであった。

昭和六年（一九三一年）十一月、関東軍はついに全満州を占領し、翌年三月には清朝宣統帝であった溥儀《ふぎ》を執政として満州国が建設された。そして、満州国の開発がはじまったのである。

満州は日本の生命線なり、といわれていたが、もし本当にそうなら、満州開発に十年以上かけ、充分に開発すべきではなかったか。疑問の残るところである。そして日支事変も起こさず、満州開発にのみ力を注いだなら、立派な国になっていたのではないか。

鈴木貫太郎の甥に当たる鈴木武は昭和九年（一九三四年）七月、岡田内閣の成立とともに首相の秘書となった。

またその後、知遇を得て、内閣にできた対満事務局総裁となった陸相林銑十郎大将の秘書官に指名された。武ははからずも対満関係の枢機に参画することとなり、それで満州建国の全容を勉強することになったのである。

しかし、その過程で気がついたことは、移民問題を拓務省機構に残して来たため、この方面のテンポがおくれていたことである。

事実、相沢三郎中佐の凶刃に斃《たお》れた永田鉄山軍務局長と、その前夜、武はこの満州移民問題について、二人で議論を闘わし、対満事務局に移す約束をとったのである。だが、永田局長は翌日、陸軍省の局長室において斬殺された。いわゆる相沢事件である。

このため前記の約束は流れてしまった。武は崩帯に巻かれた永田の死体にとりすがって泣いた。若い時代のことだから、感慨ひとしおであったであろう。

抗日の渦

さて、斎藤内閣ができた。いわゆる挙国内閣である。政党政治はその前の犬養内閣、若槻内閣で終わり、それからは政党人は少数のみ内閣に列した。こうして日本の政治は変わり、さらに日本の不幸に向かって前進するのであった。

岡田内閣では遂に二・二六事件が起こり、奉勅命令により鎮圧することができたが、軍部の圧力はとどまるところを知らず、つぎの広田内閣では陸軍の要求を無視できず、自由主義排撃、政治の革新、軍備の充実の三原則の実施を条件に、どうやら成立した。

「東亜における日本帝国の地歩を確保、南方に進出する」という国策は、のちにファッショへの道を歩む基礎となったのである。そうして軍備の拡張、政治経済の戦時体制化へと進んでしまったのである。

日独防共協定、北支処理要綱は広田内閣のときに生まれたものである。北支処理要綱は、華北五省を日本の勢力下に入れようという大それた企画であった。

こうして国内戦時体制化は進み、国民の中には、時局に便乗する者が増加する。そしてそれとは逆に、政党の存在はいよいよ影がうすれ、無力なものとなってしまった。

昭和十二年（一九三七年）一月、宇垣一成大将に大命降下したが、陸軍はこれに反対の態度をとり、内閣は流産する。ついで林銑十郎大将に大命がくだった。

鈴木武は林大将と関係が深いため、大命降下の夜、組閣についての相談を受け、武はその準備に入った。だが、この内閣に政党人は一名も加えないという国策は、後にわが国のファッショへの道を取る基本になったのである。

林内閣は予算通過後、議会解散を行なった。そして林内閣も総辞職し、つぎに近衛内閣が誕生した。

ところが、組閣後一ヵ月の昭和十二年（一九三七年）七月七日、盧溝橋事件が勃発した。

これは日支事変の発端をなし、中国は抗日救国統一戦線を結成する。そしてこれが日本、中国に不運をもたらす端緒となったのである。

ついにわが軍隊は、中国大陸の、果てしなくつづく荒野で戦いながらさまようことになったのである。

総理をはじめ、軍の頂点にある人々は、いたずらに戦時体制の強化を叫び、戦況が不利なのに、「連戦連勝」とウソ八百を並べ、戦況が不利になれば「神風」が吹くと国民をだまし、一銭五厘のハガキ一枚で学業中途の青年を召集して戦地に送るのであった。

宇垣一成外相は日英の調整に走りまわったが、なにせ戦争一途、頭にきている軍部を抑制することは不可能だった。

つねに調整が不可能となるのは、その原因がいつも内部にあるためで、外に対して起こる影響をかくすのは至難であった。

たとえば日独伊防共協定にしても、近衛首相をはじめとして、重臣、海軍は英米を敵にまわすのは反対したが、軍と重臣との間に意見が相違し、結局、日支事変は銃の放棄も不可能で、そのまま内閣の更迭となった。

つぎには近衛から平沼騏一郎へと内閣は変わったが、まもなく満蒙国境のノモンハンで紛争が起こり、平沼内閣もわずか八ヵ月で総辞職となった。

つづいて阿部信行大将が内閣を組織したけれど、未熟だったのか、たった八ヵ月で流産してしまった。

右のように内閣は交替をくり返し、昭和十五年（一九四〇年）七月、再度、近衛公に大命が下り、第二次近衛内閣が誕生した。しかし、中国各地に「神風」は吹かず、生産、経済は日に日に先細りとなり、戦争はやむ気配すらない。

しかし、事変の収拾はまさに焦眉の急であるが、近衛には対支政策の一貫性がなく、右顧《うこ》左眄《さべん》するのみ。このような状況は国民の不統一を来たし、てんでんばらばら。

そんなわけで中国問題、日支事変の結末をつけぬうちに仏印進駐を行ない、ついには太平洋戦争になだれ込むという悲惨な状況になったのである。

柳条湖事件からすでに十年以上も経過し、広大な中国の国民四億は抗日の渦と化して、日本の大義名分は爪の先ほどもない、進撃がいつまでもつづいている。そんなとき、まさに不意討ちのごとく仏印進駐がはじまったのである。

鈴木は弟孝雄の倅鈴木武に、しみじみと語ったそうだ。

「蔣介石の国民政府と提携し、協調するチャンスはいくらもあった。軍事行動は、つねに統帥権の問題として、政府とはまったく別の線を辿っていた。

政府が不拡大を唱えても、いつの場合でも侵略は拡大していく。日本の英米との友好関係によって、東洋の平和を維持していた。現に非公式ではあるが、日本了解事項の案が来ている。

それによれば、日本軍が中国本土から撤退するなら、アメリカは満州国を承認し、両国の通商、金融関係も調整していく。日本が南方への平和進出することに協力するというメモが来ているのに、時の松岡外務大臣が反英米の熱情家であって、日米が提携することは日独伊三国同盟に反するという理由で強硬に反対し、まったく沙汰止みになっている。仏印進駐がはじまったのは、戦争前夜の様相としてはまことに残念である」

果たせるかな、米英との交渉は、日に日に悪化していった。すなわち米英は、日本の資産凍結や通商条約の廃棄などを行なったのである。

当時はすでに十年にわたる中国大陸における戦争で、人的被害のみではなく、物的にも膨大な消費となり、国力の消耗はまったくひどいものであった。

当然かもしれないが、悪いことはつづくもので、米英との友好関係も、先方より瓦解の通知があり、ついに太平洋戦争へと、しゃにむに突入していったのである。

第四章　雪の日の惨劇

二・二六事件の顚末

二・二六事件は、昭和十一年（一九三六年）二月二十六日の雪の日、東京で起きた。皇道派の青年将校たちが、かねてからひそかに計画していた叛乱事件である。その思想は、当時の日本は重臣を殺して革命を起こすことが国家改造の早道であること、日本は天皇中心である国という考えにもとづいている。

西田税、北一輝などの右翼民間人の国家改造論を信じ、まず国内のクーデターを起こすことを決め、それら青年将校は部下の一千四百余の下士官、兵をひきいて叛乱を起こしたのである。

二月二十六日未明、叛乱軍は首相官邸に岡田啓介首相を、また斎藤実内大臣、渡辺錠太郎教育総監、高橋是清蔵相、鈴木貫太郎侍従長、牧野伸顕内大臣と警視庁、朝日新聞社を襲撃した。

斎藤内大臣、渡辺教育総監、高橋蔵相は即死だったが、鈴木侍従長は身に四弾をうけながらも九死に一生を得、岡田首相は官邸内に居住していた義弟の松尾伝蔵大佐が身代わりになることによって幸運にも助かったのである。

ところで、この二人の重臣は十年後、天皇の大御心を体して終戦を行なううえでの原動力となるのである。当時、だれが、このことを予想することができたであろうか。まことに不思議な出来事といえよう。

岡田首相はその後、陸軍に対抗し、とくに重臣として東條政治の批判を行ない、鈴木首相とともに終戦に奔走したことなど、いろいろの面から、この二人が九死に一生を得たということが、日本を今日たらしめたのである。

ここで、岡田首相と鈴木侍従長の生き残った真相を記しておこう。

岡田首相が永田町の総理官邸を出たのは二月二十七日の正午ごろで、福田耕秘書官が憲兵の手引きを受けてうまく脱出したが、二十八日、宮中に参内して天皇にお詫びを申し上げ、その晩は宮内省に泊まった。

二十九日は現在の参議院議員会館のそばに、当時、農林大臣の官邸があり、そこを借りて岡田総理が寝たのである。

もう秘書官の身体は、いくつあっても足りない。総理が出るというのは、最高決議のときであるから、総理をおいて秘書官があちこち飛び回らなければならない。

結局、二十九日の晩は鈴木武（鈴木貫太郎の甥）一人で用心棒というわけで、武の脇にフトンを敷いて寝たが、岡田総理は興奮しているので、二時ごろまで、自分に関する話を武に聞かせた。

その日、総理の筆頭秘書官である福田耕が福井県で衆議院選挙に立候補していたが、どうやら当選を果たした。

また、選挙運動中のことだが、総理の代理として松尾大佐が後援にかけつけていた。

その松尾は、岡田総理の妹の旦那さんということで、松尾大佐が内閣の嘱託秘書を勤めていて、総理の身の回りの世話もしていた。

二十五日に福井から帰宅し、何も打ち合わせのできないうちにみんな引き上げて、二十六日の朝は松尾大佐と土井、村上という二人の警察官にまかせてあった。

岡田総理の話によると、廊下の方から騒がしい声が聞こえてきて、天井を見ていると、電気がパッパとこっちへ一つずつついてくる。そのうちに一人の警官が、

「大将、兵隊が来て危険だから、すぐ起きて下さい」という。

もう着物を着る暇はない。警官二人と松尾大佐の三人が並んで、前に人間の壁をつくり、

その後ろへ岡田首相を置いた。

岡田首相は背が低いから、ちょうど後ろへうまく隠れて寝巻のままでさがっていった。鉄砲の音がする。こっちは巡査が一人五発、二人で十発しか弾を持っていない。それをポンポン撃ちながら、だんだん廊下を押されているうち、いよいよ廊下がなくなった。

そこに風呂場があって、土井と村上は最後の一発の弾を撃ち、岡田首相を、その風呂場のガラス戸を開け、着物をぬぐところに非常な勢いで突き飛ばした。

岡田首相はゴロゴロ転んで、下が濡れていたのか、滑って風呂桶のところまで転がっていったというのだ。岡田首相が、起き上がって出ようとしたら、

「出ちゃいけませんよ、出ちゃいけません」と、二人の警官にとめられた。

二人とも兵隊の弾に当たって、その場に倒れていたが、己れのことより岡田首相を心配しているのだ。

小さな廊下に囲まれた中庭があって、松尾大佐は二尺ぐらいの窓を飛び越えて向こうへ飛んだ。そのとき、こちら側と向こう側の二方向から剣付鉄砲で突かれ、松尾大佐はウーウーとうなって、「天皇陛下万歳」と叫んで倒れたそうだ。

ところが、兵隊が飛び出して、いきなり松尾大佐の死体をかついで日本間に運び、そうしていきなり、「万歳」「万歳」という声が聞こえたかと思うと引き上げていった。

岡田首相はそこを出て、土井、村上のたおれているところで、深々とお辞儀をすると、生

命ある人に言うように、「どうもありがとう、どうもありがとう」といって廊下を走っていった。

それから日本間に行くと、自分のフトンの上に、松尾大佐の死体が置いてあった。首相はそこで、「松尾君にすまないことをした。本当にすまなかった」とここでもまた、生命ある者にいうように礼を言ったという。

しかし、なんとしても寒いので、タンスを開けて着物、袴を出しているところへ、兵隊がガタガタと二人、帰って来た。それから、「おい、撃て」とお互いに言い合ったけれど、顔を見合わせて、そっとどこかへ行ってしまった。

岡田首相は、「どうも不思議だ。おかしい」と、そのとき幾度もいったそうだ。そして、廊下を走っていった。非常に寒いので走ったらしい。

ところで、終戦当時、南方軍参謀長だった河村参郎が軍事裁判の裁判官になり、軍法会議の準備のために家族とも外部とも絶縁されて、二十日ばかり、宿屋に缶詰になっていた。ちょっと手が空いたとき、対満事務局へ食事に行くということで、鈴木武に会ったさいの話だが、河村参郎が、

「鈴木君、面白いことがある。兵隊があわてちゃって、たしかに間違いなく岡田の幽霊を見たというのだ」

と、とっぴょうしもないことをいう。それで鈴木武は、

「河村さん、ちょっと黙っていて下さい。私は岡田総理に、じかに聞いていることがある。だから、私の言うことを先に聞いて下さい」

というので、

「これこれの場面じゃないですか」と聞いたら、

「まさにそうなんだ」という。そして、「兵隊はほんとうに信じているよ」という。

そこで武は、

「それは兵隊がいうのが本当です。その幽霊が本物なんだ」と、事の次第を話した。兵隊は「足がなかった」と言う。

ちょうど袴をはきかけていた首相は、背が低いので裾がダラッとしているところを、兵隊が見たのだろう。

そのとき河村がいうには、死骸は床に置いて、栗原中尉が、掛けてあった岡田総理の額を剣で突いて落としたが、総理の実物は見たことがないので、総理の写真と死骸を見比べたのである。雨戸のしまっている暗い部屋で、写真と死骸を見くらべて、栗原は「よし間違いない」といった。

それで、みんな引き揚げてからのち、巡視の兵隊を二人出した。その二人が本物を見て幽霊だと思ったらしい。

兵隊が怖《こわ》がって、幽霊の話が有名になったので、叛乱軍は巡視を止めたというのが真相で、あとは憲兵に頼もう、ということになったらしい。

それから女中さんが迎えに来て、服装をととのえ、押し入れの中に座ぶとんを敷いて総理を座らせた。

お昼ごろ、福田耕、迫水久常の二人の秘書官が、「死骸を見せてくれ」とやってきた。憲兵の承諾を得て部屋に入ったところ、死骸が違っている。

しかし、迫水が機転をきかせて、身体はかまわない、顔が大切だと思い、かけてあるフトンを引っ張って、顔がフトンの真ん中にいくようにかけ、また足が二本ニューッと出るようにしておき、

「それは松尾だが、総理がどこかにいるというのか」

ととぼけ、女中の目くばせで、押し入れの中にいることを知ったが、憲兵が入口のところにいるから、それ以上の話は無理だった。

そこで福田、迫水の二人は、秘書官官舎で協議した。べったり兵隊が取り巻いているから、どうやったら総理をお連れできるかを協議したのである。

そのころ鈴木武は、迫水に再三電話をして連絡を取っていたが、迫水は、「まかせておいてくれ」と言うだけだ。騒ぎの最中で、「うん、うん」と言っているだけで、武が「私も行きましょう」といっても、相手にしてくれない。

武は腹を立てたそうだが、てんやわんや、犠牲者すらどこにいるか、あるいはひと様と間

違えられているのか、わからない状況では、そうするよりほかに手はなかった、というのが理由だろうと推察した。そこで、

「迫水君、ごめんよ」

と心の中でわびた。

そのころ福田が、女中の弁当といって弁当を持っていき、はじめて女中と話をしたら、

「この中にかくれています」と所在が初めてわかったのだ。

三人の憲兵のうちの一人（憲兵曹長小坂慶助）が福田のところへ来て、

「われわれの任務はこの建物の中に生きている者をすべて助けることで、叛乱軍とはまったく別である」

といったので、福田は急いでその憲兵を呼んで握手をし、

「こちらにいる者はもう関係ないのだから、全部お出しになるように、私の方で取り計らいましょう」

と言ってくれた。これがヒントになって、迫水と二人で仕事を分け、全員無事脱出への工作をはじめた。

たまたま福井県の方から、年寄りのおじさんと、その親戚など二十人ほどが来て、「お焼香させて下さい」というので、憲兵隊の了解を得た。

さきの人々が家の中でお線香を上げている間に、岡田首相を福田が連れ出す。どさくさの

中では、最高の作戦であろうか。

叛乱軍も憲兵も、岡田首相はもうこの世にいない、と思い込んでいるので、葬儀屋にたのんでお棺の準備をして、連れ出さなければならない。準備ができると迫水が、

「いつでも入れるよ」と鈴木武にいう。それで、

「君、バカにするのもほどがあるぞ」と言ったら、

「入れるよ、すぐ来てくれ」というので武は、裏から迫水の官舎へ入って待っていた。

兵隊がいたので門鑑を見せると、「どうぞ、どうぞ」といって中に入れ、迫水の家に入ったところ、応接室は真っ暗だった。全部、幕をかけてあった。岡田首相の遺体はここに持って来ているはずだと思って、瞳をこらしてみるけれど、何もない。

おかしい。じつにおかしい。総理の死体はここに運んだはずだがと思い、何度も見まわしたが何もない。死体どころか、猫の子一匹見えないのである。

「首相はどうしたのか」と武が聞くと、

「じつのところ、総理は生きている」と、いつのまにか姿を見せた迫水が言い、いくつもの情報を話してくれた。

「それでどうなった……」と聞けば、

「福田が、お昼までにはどこかへ連れ出すはずだ」

「大丈夫ですか」

「それはわからない。福田がやったことだ。だから間違いはない、と思う」といい、

「あそこへ残っている松尾の死体を置いて、どこまでも黙っていた方がいいのか、あるいは外へ出した方がいいのか」と聞いてきた。

迫水のところへは、内部の情報はわんさと入るが、外部の情報はさっぱりである。鈴木武は、

「それはいかん。すぐ出さねばならん。海軍の将官連中が憤慨している。秘書官が全然連絡をとらないので、何がどうなっているかまるでわからない」

首相の首が飛ばされ、埋めてあるなんて噂まで出ているから、海軍側では死骸を海軍省へ引き取ろうか、という評定をやっている。

海軍の方へバレても重大なことになるし、福田が総理を無事に逃したというなら、

「後始末はあなたと私で、殺されてもやろうじゃないか」と武が迫水に言ったところ、

「よし、君の言う通りやろう」

そこで、ふたたび葬儀屋博善社に電話をかけ、

「すぐ棺を持って来い」といい、それから鈴木武は家の中に入った。

家の中には、海軍の軍服に肩章をかけた人が一人いて、盛んに動いていた。武が、

「あれはだれですか」と聞いたら、迫水は、

「昔、総理の秘書官をやった平出大佐」という。

いまは報道部長をやっているとかで、武たちより十分前に来たらしい。まだ遺体にはさわっていないらしいが、盛んに鉛筆を走らせている。

ふとんをかぶせた松尾の足がふとんの外に出ているのを見て、

「不思議だね、死んで足がのびるのは」と言う。仲間うちだからいいようなものの、敵ならおそらくふとんをひっぺがすだろう。そうなれば今までの苦心も水のアワ。いっぺんにばれてしまう。

岡田首相は身体が小さい方で、したがって足も小さくて、

「昔、私が秘書官をしていたときは、やもめ暮らしだから、靴下から靴から、その他なんでも身につけるものは自分が買ってあげた」と平出大佐は言う。

それで足の大きさがよほど違っているとみえて、「不思議だ、不思議だ」と言っている。

そこで、鈴木武と迫水は、平出大佐を便所へ連れていった。内密な話をする格好な場所はないかと見まわしたが、人に見えない場所は便所だけだった。ともあれ、平出大佐に、

「あれは岡田首相の遺体ではない」と迫水に言わせた。そして、

「じつはこういうわけで、いましばらく、いつわり通すつもりです。あなたは百万の味方である。ひとつ手伝ってもらえませんか」と言ったら、一瞬、顔の色が変わったけれど、

「引き受けましょう」と言ってくれた。

お棺が夕方になって到着した。どうしてこんなに時間がかかったのか。お棺屋が山王ホテルの前まで来たが、

「こわくなって引き返した。それからうろうろしていた」と言うのだ。

遺体を苦労して棺に入れ、ほっとして一服やっていたところ、叛乱軍の方から、

「ちょっと待ってくれ」と言って来た。

さあー大変、びっくり仰天、鈴木武は腰が抜けそうだった。迫水に、

「大丈夫か？　覚悟した方がよさそうだ」

迫水はまっさおな顔で、目ばかりきょろきょろさせている。

しかし、まもなく「もう、よろしい」と言ってきた。

「やっぱり神様が守ってくれた」自然にそんな気持になった。

見ると、栗原中尉と林少尉が軍装をととのえ、二十人ほどの小隊を引き連れてきた。銃は敵意のない証拠のようにさかさに持って整列した。不動の姿勢である。

鈴木武は栗原中尉と林少尉の前へ行き、

「どうもありがとうございました。総理の死骸はただいま間違いなく、たしかに私が頂戴して行きます」

「あのときはびっくりした。栗原中尉がつかつかとお棺の後についていた。なにかやられるのじゃないかと、大事な玉が上がったり下がったり」と迫水。

「君はときどき、突っ拍子もないことをやるから目が離せない。まるで異常者みたいだ」と武に言われた。

ともあれ、そんな経緯があってお棺を出すことができた。車に女中二人を乗せ、日の暮れかかるころ官邸の裏内から出たが、野次馬がいっぱいだった。

「総理の死骸だ」「死骸だ」「可哀そう」という声を後に、角筈の岡田邸へ向かった。

角筈の家で海軍軍医部長により、松尾の検死が行なわれた。立会人は鈴木武。

銃剣による大きな傷跡が右耳の裏側と、左腕の下の肋骨にあった。左腕の付け根のところはバックリと口を開けていた。

倒れてから、銃剣で突いたのであろう。その無残な姿は、首相になったものにたいするものと思えず、鈴木武は怒りが身体中をかけめぐる思いだった。

実際は首相ではない。見当違いだが、彼らは首相と思って手を下したのだから、首相に対する礼を尽くしたらどうだ。無礼にもほどがある、と憤慨の極みだった。

生き残った鈴木侍従長

一方、鈴木貫太郎侍従長官邸を襲った部隊は、安藤輝三大尉のひきいる部隊であった。彼は二年ほど前、ある人とともに九段の官邸に来たことがある。

そのとき、安藤大尉は、陸軍の青年将校たちが日ごろ抱いている革新政策について、鈴木に批判を求めたが、鈴木は三点を挙げ、若い人たちの間違いを指摘したという。

第一は、軍人が政治に進出して政権を手にすることはいかん。明治天皇の勅諭にあるごとく、軍人は政治に関与すべからず、である。もともと軍備は国家の防衛のために、国民の血と汗によって備えらえているもので、このことを国内の政治に使用することは間違っている。大いに間違っている。

軍人が政治に手を出すのは、亡国の始まりである。兵は陛下のものであるから、武力を政治に使ってはならない。もし軍人が政治を論ずることを許されるなら、政治は多数の意見を聞いて論議し、中庸に落ちつくようにするのが政治の要道である。武力をもって論議すると、直接武力を政治に使うようになり、昔の戦国時代と同じようになるかも知れん。なんとしても軍人が政治を行なってはならない。

第二は、総理大臣は政治的に純真無垢な荒木貞夫大将でなければならぬと言うが、一人の人をどこまでも主張することは、天皇の大権を拘束することになりはしないか。一人の人を指摘することは、天皇の大権を無視した行動になるので、不当な意見である。

数人の中からと言えば、ご選択の余地はある。こういうことは日本国民が口にしてはならないことである。

第三は、陸軍の兵は農村から出ているが、農村が疲弊していては出征兵士に心配が残る。

この心配をなくして外敵と戦わねばならぬなら、農村改革を軍隊の手でやって後顧の憂いを断つ、ということは、一応もっともらしく聞こえるが、世界の歴史はその反対の結果が多々ある。

いやしくも国家が他国と戦争しようとするとき、後顧の憂いがあるから戦争はできないという弱い意志の国民なら、その国は滅びても仕方あるまい。

鈴木は日ごろから世界史を研究しており、甥の武などに、いろいろ他国の例をあげて話をしたようだが、フランス革命史についても話してくれた。そのとき、疲弊したフランスが祖国を救うため非常に強く、また勇敢に列国の侵入軍に対抗して戦い、そして勝利を手にした話をしてくれた。

前述のように、鈴木は三つの考えを話したのだが、安藤大尉は、

「非常にいいお話を伺った。私は鈴木侍従長を尊敬する。このさい、あなたの字を一枚書いて頂きたい」

と言うので、後日サインして送ったという。安藤大尉は、帰ってから大勢の意見に巻き込まれ、侍従長殺害を引き受けたのではないか。

その日は、安藤大尉は兵二十数名を指揮して、堂々と入口から機関銃を構えて入って来たそうだ。

これは鈴木侍従長が後日、甥の武に話した直話である。したがってこの前後は、筆者の又

聞きということになる。

あの夜、女中が取り次ぎに来て、

「兵隊さんがたくさん来ています」

という。鈴木侍従長はそれだけで直感した。五・一五事件などを考え合わせ、ただごとではないことが直感された、という。

ただちに床の間の白鞘《しらざや》の短刀を取って抜いて見た。サビがついてたりして、とてもではないが役に立たない。

納戸に大刀をしまっておいたので、それを取りに行った。しかし、いくら探しても見当らない。いつもの場所に、ないのである。後で聞いたところによると、泥棒にでも入られたとき、探し当てて、それを使われたら大変と、奥さんが風呂敷につつんで他所に移したというのである。

刀を探しているうちに兵隊が大勢入って来たらしいので、そしらぬ顔してふたたび八畳の間にもどった。そして明かりをつける。

家の中をうろうろと歩いていては、吉良上野介のようだ。意気地なしに思われても文句のつけようがない。

兵隊が侵入して、三方から包囲された。剣付鉄砲（銃の先に短剣を取り付けたもの。普通は両軍が接近戦になったとき、この剣で敵を刺し殺す）を擬して構えている。

こちらは武器がない。武器さえあれば、多勢に無勢。負けるに決まっていても、戦ったであろう。

ジッと立っていた。しかし、敵もすぐには手を出さない。しばらくは無言で、銃は腰に当て構えたまま。

下士官らしい兵が、

「閣下でありますか?」と尋ねた。

「そうだ。まあ静かに。何かわけがあるだろう、それをまず話したまえ」

無言で銃を腰に当て、構えているだけ。

「簡単でいい。話してくれ」

と、三度同じことをくり返したが、返事がない。

やがて下士官が、

「時間がありませんので撃ちます」と、ピストルで発射の構えをした。

「撃ってみろ。さあ撃ってみろ」と叫ぶや、下士官は本当に引き金に指をかけた。

最初の弾丸ははずれて、フスマを貫いた。

つぎの弾丸はなんと腰に当たった。ちょっと腰がふらつく。

そうして第三弾が、胸に当たって、フラフラとなり、そして倒れた。

それから、照準もなにもあったものじゃない。めくらめっぽう撃ちまくった弾丸のうち、一つは肩をかすめ、一発は頭に当たった。

鈴木が倒れたところへ下士官がやって来て、鈴木の手の下へ手を当てて脈を見たらしい。倒れて全身が緊張し、手も伸びて固くなっているから、脈を見るのに苦労しただろう。

「まだ脈があるから、とどめを刺しましょう」

と士官に相談している。士官は、

「とどめは残酷だ。やめよう」

と人間らしいことをいった。そして、

「閣下に敬礼」

兵隊は全員、「捧《ささ》げつつ」をした。

士官が鈴木の妻のところへ行って話しているようだった。そこまで鈴木の意識はあったらしい。

それから時日がたって、意識がはっきりしてから聞いたことだが、妻孝子は一間ほど離れて座り、兵隊たちの行動を見ていたそうだ。

倒れてから、兵たちが「とどめ」「とどめ」というのだ。しかし、奥さんとしては夫の生きるのぞみを絶たれるのは、本当に辛い。

「とどめだけは止めて下さい」

と、涙ながらに嘆願した。

兵が一人、女中部屋へ走って行き、すぐ士官が現われて、ずっと兵を指揮していた将校と声を荒らげて話し合い、孝子の前に来て、丁重に挙手の礼をし、

「われわれは、閣下に対し、爪のあかほども怨みを持っておりません。しかし、躍進日本に対して意見を異にするため、余儀ない次第であります」

「それはまことに残念に存じます。なにとぞお名前を教えて下さい」

士官は服装を改め、直立不動の姿勢になり、

「安藤輝三」

と言った。安藤は回れ右をすると、兵に整列を命じ、引き揚げていった。

孝子は大きく息を吸った。危うくとどめを刺されずにすんだ。生命だけは助かるだろう。とどめを刺すのは、みんなで決めた規則であったらしい。だが、安藤は瞬時にそんな規約を破って、生命を大切に扱ってくれたのである。

敵の妻女に断わりを言い、挨拶をし、そのうえ倒れている夫に対して敬礼をして去っていった。その背中からは御光が射しているようだった。

女中の言うには、

「閣下を殺したからには、自分も自決する」と言ったそうだ。

事実、自決したらしいが、死に切れなかった。ともあれ、言った通り実行したのだ。だれとも約束したわけでもない。俺も自決する、と言っただけだ。聞いた人たちは、成り

行きで、そう言ったまで、まさか……と思う者もあれば、忘れてしまった者もあるだろう。

いずれにしても、鈴木は彼の律儀な思い入れには驚いたらしい。

安藤は、前に鈴木を訪ねたことがあるという。そのとき、政治を中心にして問われ、鈴木は懇切丁寧に、知っている限りの知識を披露した。そんなわけでとどめなどという惨酷なことはできなかったのであろう。

しかし、若い人間は、「それはそれ、これはこれ」と道理をねじまげ、大方の賛同を得るものだが、彼の場合は鈴木を心の師と思っていたのではないか。

ともあれ、前に来たときの話は……、

「政治の革新に関してご意見を伺いたい」

と言うことであった。これに対して鈴木は、己れの意見を率直に話して聞かせた。

「軍人は政治に関与すべきではない。軍人は専心国防に努めるべきである。国防は敵国に対してなすものだ。その国防の力を内政に向けて用いるというのは大間違いである。

国防に要する経費たるや容易なものではない。国民の血と汗からなる尊いものだ。これを国防以外に濫用することは許されない。そのことは、明治十五年にお下しになったご勅諭に明らかである。

軍隊が政治に関与してどうなるか。一体、政治とは如何。それは三人三色で、それぞれ考えは異なるものである。それらの異なった意見を闘わして、その中庸を取るところに政治のやり方がある。

三人の軍人、この軍人を連隊長としようか。連隊長が意見が合わず対立していたらどうなるか。互いに兵を戦わしたらどうなるか。

隣のロシアは一生懸命、軍備に力を尽くしている。支那も同様。わが軍隊はいつこれに向かわねばならないか、わからない。

ムッソリーニを見よ。ヒトラーを見よ。それぞれ軍備充実を図りながら、一方、政治的には独裁といい、ファッショといい、権力をほしいままにしているけれども、彼らは国防軍の一員たりとも、私に政治に用いていないではないか。

国防軍に手をつけていない。また国防軍もそれに立ち入らぬ。それは各国の事情や国際関係によるかも知れないが、日本は欧米より遙かに遠く辺境にあるので、ややもすると軍人が政治家に乗ぜられる。また、軍人の中にも政治に立ち入ろうとする恐れがないとは断言できない。誘惑もされるだろう。それらはいずれも間違っている」

そこで安藤は、もう一つ質問をした。

「現在の日本は、荒木大将を総理大臣にしなければ、ダメになる」

それに対して、鈴木はつぎのように説明した。

「私は彼を知っている。本当によく知っている。真に偉い人で、他日かならず総理大臣になるべき人だと確信している。

しかしいま、彼を総理大臣にしなければならないとは言えない。いやしくも総理大臣たるべき人物は、全国民の支持が必要である。それには、もう少し彼は経験を積まねばならない。今日、すぐ彼でなければならないというわけではない。いやしくも総理大臣は、御親任によるものである。それを臣下であるわれわれが、だれでなくてはならないなどと口走ってはいけない。それでは、陛下の大権はどうなるか。このようなことは臣民の口にすべきことではない」

安藤はなかなかの頑張り屋で、まだ主張があった。

「兵隊は農村出身者が多い。そして彼らの生まれ育った農村はいま、疲弊している。これを改良せねばならぬ。それには軍隊の援助が必要である。軍隊の力をもって農村を建て直さねばならぬ。兵に後顧の憂いがあるようでは、戦いには勝てぬ」と言うのであった。

鈴木の理論はつぎのようである。

「なるほどもっともの意見のようであるが、しかしながら、歴史はこれとまったく反対の事実を語っている。いやしくも国が勃興するときには、国内に種々な難儀なことが起こる。そういうときに民族全体が奮起してはじめて国が興る。

農村が疲弊しているから、兵隊に後顧の憂いがある。戦争に臨めないというならば、そういう民族は滅亡する。日本はそんなヤワなものじゃない」

「君はフランス革命史を読んだことがあるか?」と聞くと、「ない」と言うので、

「しばらく外国の歴史について話そう」と言い、フランス革命の実際についてあれこれ話して聞かせた。

「フランスに革命が起こったとき、列国は兵を入れて、これに干渉しようとした。そのときフランスの軍隊は、敢然として立ち、国境を防衛した。革命は国内における政治的な改革である。それがために、国を滅ぼさんとするものではない。

国内に難儀なことがあっても、国家の危急存亡のときである。フランス兵の立場を考えたらどうだろう。政治というものは、将来のわからぬものだ。

革命によって兵隊の親兄弟、その他肉親が、ひょっとしたら罪を科せられ、牢獄で苦しむ者があったであろう。また、飢えに泣く者がいるやも知れぬ。また、愛する女性が日々の辛さに泣いているだろう。しかし、兵は、これら親兄弟、友人、知己の身辺を考えている暇はない。ひたすら国の現在、将来を考えて生命をかけて戦ったのである。

貴君は後顧の憂いと言ったが、そういうことを考えるのは男として恥ずべきではないか。農村を軍隊が救わねばならぬというのも、恥ずべきことだ。

日清・日露の両戦没に、よい見本があるだろう。親兄弟と別れ、妻子を捨てて勇躍、戦場に赴いた兵士たち。国民もまた涙をこらえて戦場に送ったのである。満州の広野に向かう兵士に、『万歳、万歳』と絶叫して送ったのである。

フランスの人たちにやれたことを、

『日本人には不可能などということはない。日本人はいずこの国民にも敗けない強い心を持っているのだ』」

以上のようなことを中心に、鈴木は二時間ほども話したのである。安藤は帰るとき、

「非常にためになることを伺いました。本当にありがとうございました。今後もときどきお伺いして、お話をうけたまわりたいのですが、いかがでしょうか?」

「いいよ、いつでもいいよ」

と言い、鈴木はみずから進んで安藤と握手した。安藤はその日、二人の民間人をともなっていたが、後日、彼はその人たちに、

「鈴木閣下は、話に聞いたのと、実際に会ったのではえらく違う。本当にしっかりした軍人で、しかも人柄も抜群だ。じつに楽しかった。気分がさっぱりした。物にたとえたら、風呂につかって出たときのような按配だ」

会ってから数日後に、記念に字を書いて欲しいと言うので、鈴木はいそがしい時間をさいて書いて贈ったが、そのサインを今度の事件直前まで部屋に飾ってあったそうだ。

彼は鈴木を心底、尊敬していたらしい。だから、今度の襲撃のさいにも、他の人々とは違った行動をとったのであろう。

鈴木の考えに共鳴しても、安藤の軍隊内における地位では、転向は無理だったようである。むしろ、鈴木に聞いた話を仲間に話したため、ある者からは「裏切者」のごとく言われたと

いう。

安藤は当時、抜き差しならぬ立場にあったので、大勢に従って、あの事件を決行したものであろうと考え、鈴木は「惜しい人物だった」と、友人に語ったという。

身代わり犠牲

ここで、ふたたび岡田啓介に若干ふれておきたい。

鈴木終戦内閣の裏面にあって、終戦の大事を達成するため鈴木貫太郎首相に協力した人物である。

岡田啓介は慶応四年（一八六八年）、福井県生まれ、明治十八年（一八八五年）に海兵入学、それから数えると五十八年の長きにわたって海軍に在籍した。

海軍大将となるが、その間、艦隊司令長官、鎮守府司令長官、艦政本部長、海軍次官、海軍大臣（斎藤内閣など）、軍事参議官、議定官などを歴任。在職中、ロンドン軍縮会議には、とくにわが国のため聡明なる提督ぶりであったが、政治家としてもその働きには国民の信頼を得ていた。

昭和九年（一九三四年）七月に大命降下、岡田内閣の首班となり、昭和十一年（一九三六年）二月二十六日の二・二六事件に当たって襲撃を受けたが、義弟松尾大佐（内閣嘱託）が叛乱将校の誤りによって身代わり犠牲になったため生き残り、その後、重臣としてつねに正当なる意見を述べ、憂国の士として日本を守り通してきた。とくに東條内閣の思想と行動に対しては、身を挺して東條英機と論争したのは有名である。

鈴木終戦内閣では、鈴木首相の背後にあって終戦にこぎつけ、日本を守った立派な軍人であり、かつ政治家であった。

ところで、二・二六事件で、義弟松尾大佐が叛乱将校の誤りによって身代わり犠牲になったと書いたが、昭和十一年二月二十七日付の朝日新聞によれば、見出しで、

「斎藤内府、渡辺教育総監、岡田首相ら即死す」とあり、脇見出しで、「高橋蔵相、鈴木侍従長負傷」

とある。松尾大佐の死体を岡田首相と誤認したのは前記の通りだが、同日付で、

「後藤内務大臣、総理大臣臨時代理」

とある。なかなか手が込んでいるといえる。

ハル・ノート

昭和十六年（一九四一年）八月二十三日から野村吉三郎大使、ハル国務長官による日米会談が開かれた。仏印進駐と同時に英米が、日本に対し、政治力と外交交渉により筋を通そう

と努力したのはまことにあっぱれ、まさに大国の襟度といえるのではないか。

日本としては持てあましていた日支事変の解決のためにも、英米への外交交渉こそ千金に値するものと考えられた。

しかし、第二次近衛内閣の内部では、松岡洋右外相、東條英機陸相などの反英米の派闘を抱えているので、挙国一致の政策、外交交渉は無理であった。じつに残念なことであるが、松岡、東條らの頑固一徹は筋金入り、始末におえないのである。いわゆる閣内不統一といわれている情況だった。

近衛首相は、日米交渉の重要性を充分知り尽くしているのだが、内閣の中には、日支事変を抱えながら、軍部とともに仏印やタイに進駐し、、そのためならば英米と一戦まじえることも辞さないというケツ曲がりの閣僚がいるから、どうにもならない。

第三次近衛内閣は、なんと三ヵ月でお手上げ。しかし、お手上げ以前の昭和十六年九月六日に開かれた御前会議は、きわめて重要な会議であった。

「十月下旬にいたっても、日米交渉がまとまる見込みがないときは、対米戦争を辞さない決意のもとに、開戦の準備をする」という決定が、会議に取り上げられて決定をみたのである。

しかし、近衛首相は、最後の最後まで日米交渉に外交手段を尽くすという考えを捨てなかった。

会議の前日、天皇に拝謁して御前会議について打ち合わせを言上したとき、「明日の会議で、戦争をすることを目的としての文書をつくってはならない」との天皇の堅い戒めが首相になされていた。

右のように、天皇が近衛首相に対して堅い戒めをされた御前会議の日がついに迫ってきたのである。

陸軍は「あくまで強硬」に、海軍は「開戦は反対」の意見であった。

この二つの条項にはさまれながら、結論を見出せず、万策尽きた恰好で十月十六日、第三次近衛内閣は総辞職した。近衛内閣は満足に任期をまっとうしたこともなく、いつも中途半端で、今回も〝流産〟で終わってしまった。

そして十月政変では、軍部以外に、首相の適任者はない、と決めつけ、十月十八日、東條内閣がうぶ声をあげた。東條は陸相兼任で内閣をつくったのである。

太平洋戦争の直接原因は〝ハル・ノート〟にあると見られていたが、重臣会議に出された岡田啓介元首相の話を総合すると、

「まだまだ戦争に持ち込むときではない。米国の最後案は、日本に不利のように出ているらしいが、将来の日本の国力の伸張を含めて撤退する。その引き方を考えるなら、打つ手はいくらでもあるはずだ。

日本は過去における自分の行為に反省がなさすぎる。進むことだけ知って退くことを知らない兵法は愚である。下剋上の中に睥睨《へいげい》する悪質な軍事行為を戒め、統制力を持ち出すこと

が現地部隊の中になくならないように努めなければならない」

ハル・ノートの文章を要約すると（昭和十六年十一月二十六日、野村、来栖両大使）、①日独伊三国同盟の破棄、②支那仏印からの撤兵《てっぺい》、③汪兆銘政権の否認、などで、当時の日本としてはとうてい実行は不可能である、との意見が圧倒的で、国民としては自殺を強いられているような按配だった。

戦争への決意が示されたものであり、また、あの当時は、外交に対する日本の手の打ち方が下手。そのうえ強引であった。あのときも傷つけあわず、妥協点も見つけることができたのではないか。

あのとき、平和妥結のチャンスが見つけられたのに、軍はきわめて得手勝手にふるまい、しかも強権の者には真正面から立ち向かっていく勇気がない。豹変のうちに終始した多くの訓令、行動は、米国を怒らせ、成果をえることが不可能だった。

これ以上戦うことが無理な状況にありながら、〝神風が吹いて日本を助ける〟と国民に宣し、大東亜戦争へと突入した。

東條総理はハナ息がすこぶる荒いけれど、国民にすれば一銭五厘のハガキで召集され、驚くほど犠牲者が出ていた。それに、国民生活を支える米やその他の穀物も持ち出して中国大陸へつぎ込んではや十年、大きな犠牲になっていた。

東亜新秩序建設の野望も、その効果はまるであがらない。

どちらを向いても鬼ばかり――。そんなとき南方への火ぶたは切って落とされた。

昭和十七年（一九四二年）二月十六日の朝日新聞一面には、トップ記事で掲載されている。記事の上に大きな文字で、「シンガポール陥落」と横書きがある。縦見出しで、「敵軍、我が軍門に降る」。二番目は三本見出しで、「遂に無条件で屈服す」。三番目は「対日包囲の軸心ことごとく潰滅」。

本文はまず「大本営発表、十五日午後十時十分」ではじまり、「馬来《マレー》方面、帝国陸軍部隊は本十五日午後七時五十分、シンガポール島要塞の敵軍をして無条件降伏せしめたり。

二月十五日、英帝国東亜侵略の牙城シンガポールは遂に陥落した。死闘猛攻七日間、世界の環視をこの一点に凝集したシ島攻防戦はいまや英軍降伏し、わが日章旗は南国の空高く燦として翻えり、大東亜はわが制圧下に帰した。一八一九年二月、ここ東亜の一角に英国がユニオンジャックを掲揚して以来百二十余年、これを基点として濠洲、ニュージーランド、ボルネオ、香港、ついで支那大陸の胸部深く東亜は悪虐英帝国の搾取と掠奪に委ねられて今日に至った。

しかし、いまこそ英帝国を東亜より放逐し、その支配の鉄鎖を断ち切り、東亜再建の黎明はまさに訪れんとしている。なんたる世紀の偉業！　経営の拠点香港を失い、いままた東亜の拠点シンガポールを喪失、数世紀にわたり七つの海に雄飛し、世界の富と領土を壟断せる英国没落の弔鐘は高らかに鳴り響いている。

　皇紀二千六百二年二月十五日！　この日こそは世界歴史転換を約束する日であり、我が一億の日本民族いな東亜十億の民族がその魂を奥底から歓喜する日である。我々はいまこそ黙黙として、この偉業の完遂半ばにしてたおれた我が英霊の前にひざまずき、奮戦奮闘する我が陸海将兵に感謝の誠を捧げるとともに大東亜戦争完遂を期して戦わねばならぬ」

　以上の記事に並んで「日英両軍司令官劇的な会見。昨夜十時を期して全線停戦」。つぎはやっぱり横並びで、「大東亜戦の大局決す。陸軍報道部長談話。帝国不敗の態勢獲得」とあり、囲み記事で「天皇陛下御満悦」とある。

　下段に移れば、「脱出英艦と船団攻撃。我が艦隊三十二隻を撃沈破」。この記事の左には三段見出しがあって「敵脱出企画を粉砕」。この記事の左側は「落下傘部隊、蘭印奇襲。陸軍部隊スマトラに進駐。海軍部隊メナド攻略参加」とある。

　これら新聞記事を読む限りでは、日本帝国は全戦全勝、各部隊とも勝ちっ放し。毎日このような記事を読まされていれば、いつの間にか、気づかぬうちに、日本帝国万歳と思ってしまう。

　当時、筆者は新聞社の社会部記者だった。内閣情報局で発表文に新聞記事となる原稿を作成し、各社記者に配布する。記者は情報局の原稿そのままか、あるいは原稿をネタにして記事を書くわけだが、日本の旗色の悪いような記事がのっていれば、ただちに訂正の通告がある。

毎日、そんなことのくり返しで疲れ果ててしまう。雑誌も同様な検閲を受け、情報局の言いなりの記事を書かなければならない。

以上は、いずれも言論統制という悪法によるものであった。

ところで、敵機の日本空襲についてはあまりウソッパチは書けないため、記事の焦点をぼかし、女性、学生などの消火に関する協力などに記事の重点を置いた。

昭和十七年（一九四二年）四月十九日、朝日新聞では「初空襲に一億沸《たぎ》る闘魂」、その下の向かって右側に「敵機は燃え墜ち退却」、そのわき見出しとして「〝必消〟の民防空の凱歌」。さてその記事だが、「わが本土初空襲を受く――十八日午前零時三十分ごろから帝都を中心とする京浜地区をはじめ中京方面、阪神地区等の各地は敵機の初空襲を受けた。この日早朝より警戒警報が鳴り響き……」とあり、貧弱な焼夷弾《しょうい》はいずれも……とつづき、だから、恐れるに足りない、などといろいろの表現で、敵弾が貧弱なことを書きつらねている。行の上下に仕切りのない四段記事で約五十行を書きつらねているのである。

つぎは「バケツ火叩きの殊勲。我が家まもる女手。街々に健気な隣組群」とある。女性の殊勲とあるが、おだてのもっこに乗せて、うんと消火作業をさせようとの魂胆であったろう。

そのつぎは、「威力なき焼夷弾」とあり、その下に小さな文字で、「即座の処置で二十分内に消火」とあり、もう一度、紙面の右側を見ると、「鬼畜の敵、校庭を掃射」、すぐ左側に、

「頼もし大学生の援軍。女学生もバケツリレー」

この見出しならハラもたたないが、為政者、軍上層部のマスコミ利用の本心が出ていて感心しない。

「慎め、詮索や臆測。軍を信頼、職場を守れ」

そして締めくくりの意図とみられる記事があった。

「空襲下の地方視察、悠々たる首相」

首相がたいした用事もないのに地方をブラつくといえば、当然、国民は、「敵の戦闘力はさして大きくも強くもないのだ。国の責任者である首相が出歩くのだから、戦局は新聞記事通り好転しているのだ。安心した。よかった」と、胸なでおろしていたに違いない。

しかし、言論統制というやつは恐ろしいとつくづく思っていた。事実をまげて書くことの恐ろしさは身をもって体験した。

昭和十六年十一月二十九日、宮中において重臣会議が召集された。総理大臣を経験した人人が、この重臣会議に招かれたのである。

若槻礼次郎、岡田啓介、広田弘毅、林銑十郎、近衛文麿、平沼騏一郎、阿部信行、米内光政らであった。

満州事変の責任をとった若槻内閣の首班であった若槻礼次郎、二・二六事件を契機としてできた広田内閣の首班広田弘毅、解散を行なって政治に乱れを見せた林銑十郎。もちろん、重臣としては阿部信行とともに、陸軍軍人として「統帥権行使の本山である大本営を信頼する」との開戦賛成者であった。

軍人を除いた政治経験者たちは、すべて米国を相手に戦うことの否はおおうべくもなかった。

近衛公は、日支事変の責任者であり、東條内閣にバトンタッチするまでは、日米関係の安泰を願って力尽きるまで努力した人であり、また米内光政も、同じく日米関係を憂うる一人であった。

かくして重臣会議の結論として、日米戦争を危ぶまぬ人はいない、という状況であった。

近衛が、「日米交渉破るとも、ただちに宣戦布告に踏み切る必要があるか否か」と言ったのに対し、岡田啓介は、

「日米決裂しても、戦争以前にあくまで外交交渉に頼る余裕はあるはずである。どこまでもそれで押していくべきと考えます」と従来の持論を述べた。

ともあれ、首班東條英機という反英米の思想を持つ内閣が生まれた以上、開戦に持ち込んだであろうことは反論の余地はない。

かくして十二月一日の御前会議において、開戦は正式に決められ、あわただしく日は過ぎて十二月八日未明、真珠湾攻撃によって戦争の火ぶたは切られたのである。

なんとも軽率な思考と行動であった。英米の戦争にならぬための申し入れに対し、冷たくあしらって、日本が戦争を仕かけるなど、東條という男は戦争も知らず、戦争によって軍人および一般国民がどれほどの被害をこうむるのか、まるで知らなかった。

「国民はいかなる生活をしているのか」と、住宅街のゴミ箱あさりをして歩いたが、どうしようもないお粗末な総理といわれても仕方がないだろう。

第五章　終戦への道

老首相の気概

昭和十九年（一九四四年）七月に成立した小磯国昭内閣は、約八ヵ月で解散し、鈴木貫太郎内閣が成立した。天皇の大命にも鈴木は辞退したが、

「耳が遠くてもいいではないか。政治を知らなくてもよいからやれよ」

と言われる天皇の再度のお言葉に、終戦内閣の首相として、かつてない危機を処理することになったのである。

米軍は四月一日から破竹の勢いで沖縄を襲い、沖縄本島の中部地区の飛行場を占領し、四月五日には、さらに東岸の中城湾に、戦艦を主体とする大艦隊が接近するという危機に小磯

首相が辞表を捧呈、大変な事態となったのである。

四月五日、後継内閣につき重臣会議が開かれた。近衛文麿、平沼騏一郎、鈴木、広田弘毅、木戸内府、若槻礼次郎、岡田啓介、東條英機の各氏が参集、まず小磯内閣の辞表を回覧し、それぞれつぎのような発言があった。

東條　今度の内閣は、戦争中の最後の内閣でなければならない。いま、国内には最後まで戦い抜けという説と、無条件降伏を甘受して、早急に平和の国家を再建せよとの論がある。それを先決する必要があると思う。

岡田　和戦両用というがごとき問題は、もう少し先にならなければわからない。

平沼　あくまで戦う以外に道はない。しかし、あまりにも突然の政変に途惑っている。

木戸　これまでは首相が最初に決まり、首相が閣僚を奏請することになっているが、今度はまったく非常の時であるからして、主なる閣僚ぐらいはまず決めなければ、強力な陣容にならないのではないか。

東條　閣僚をわれわれが決めるときは、組閣後の責任を陛下がおとりになるということになる。

平沼　陛下が直接お命じになってはよくないのではないだろうか。

東條　組閣の善悪が陛下に帰することは避けねばならぬ。

平沼　かざり気なしに言えば、小磯の組閣は失敗だった。

岡田　軍官民総力の結集の前に、上層部の一致の要がある。今までのやり方は検討が必要である。
木戸　内地が戦場になるという今日の緊迫した情勢の中で、国民がそっぽを向いているという傾向が相当あるやに聞いている。そして、反軍的動向も相当に現われていることも、とくに注意しなければならない。
平沼　有力なる官僚は、陛下に対し奉り責任をとるということが根本の考えであらねばならない。
若槻　自分はかつて首相たりしよりすでに二十年を経過しており、このごろの人はいっこう知らず、まったくその任に堪えないのを強く感じた。責任はいかようにもとるが、この努力は自分は不適任と思う。どうかこの制度そのものについても考慮されたい。平沼男の言われるように、主要官僚をあらかじめ選定するときは、首班は身動きもできないことになる。
平沼　この際は最後まで戦い抜く人物でなくてはならない。和平論者は推薦できない。
近衛　あくまで戦争をやり抜く軍人、予後備にてもよし。
若槻　事実は不適任なり。迂闊なことを言うこととなるを恐れるのである。
鈴木　これまでの重圧に発奮されては如何。国事に殉じ、ご馬前にて討死の覚悟を要す。首相は身体を労するゆえ、一番若き近衛公にお願いしたい。その後は皆でやりましょう。

近衛　それではさきの原則と違う。

平沼　この際、国民の信頼をつなぐ意味で、鈴木大将にお引き受け願いたく希望する。

木戸　今日は国民の信頼あるどっしりとした内閣を作るべきである。この意味で東條氏のご意見ももっともと思うが、自分は鈴木閣下のご奮起を望みます。

東條　国内が戦場にならんとする現在、よほど、ご注意にならないと、陸軍がそっぽを向けば内閣は崩壊すると思う。

木戸　陸軍がそっぽを向くということは、このさい重大なることだが、何がしか予感があるのですか?

東條　ないこともない。

木戸　先ほど申しました通り、今日は反軍的な空気も相当強い。国民がそっぽを向くということもあるかも知れない。

岡田　この重大事局、大国難にあたりて、いやしくも大命を拝したる者に対してソッポを向くとは何事。国土防衛はだれの責任か。陸海軍ではないのか。

東條　その懸念があるからして、ご注意ありたし、と言ったわけである。

若槻　今日そのような懸念があっては大変で、いやしくも日本国民たるもの、そんなことは毛頭ないと信じている。

この重臣会議においては平沼、木戸が鈴木貫太郎大将の奮起を要望したが、日本もここまで来たからには、軍がいかに言おうと、国民の信頼する首相、手腕の有無にかかわらず、日本最後のとっておきの人物を出すということになってきたのである。

俗な表現をすれば「ドタン場」である。そのドタン場を切り抜けるには、いわゆる、とっておきの人物しかいない。

そこで四月五日の深夜、宮中において鈴木貫太郎に大命が降下されたわけだ。

甥の鈴木武はその翌日の四月六日早朝、伯父に大命降下のあったことを知り、取るものも取りあえず小石川丸山町の伯父宅に駆けつけた。大命降下は昨夜深更で、それからあまり時間もたっていないので、だれも来ていないし、もちろん相談相手も決まっていない。

二人で相談した結果、岡田啓介大将の来訪を仰ぎ、組閣の経験を聞き、根本方針を考えようと話がまとまった。

海軍は問題ないとして、陸軍が頭痛のタネである。陸軍は鈴木内閣に参加してくれないと流産するかも知れない。

そこで鈴木貫太郎みずから杉山元前陸軍大臣を訪ね、丁重に陸相の推薦を依頼することにした。

このスケジュールは、陸軍にひどく好印象をあたえたようだ。まず最初に阿南陸相が決まり、そして左の三原則を提示した。
一、あくまでこの戦争を完遂すること。
二、陸海軍を一体化すること。
三、本土決戦必勝のための、陸軍の企画する諸政策を具体的に躊躇《ちゅうちょ》なく実行すること。
それは、いずれも組閣後の方針に必要なことがらである。組閣事前にクギを打たれたようなものであるが、事態の推移は状況によって変更できるので、提示された原則には、それほど、こだわることもない。

そんなわけで空襲下の組閣は六日、七日の二日間で完全となり、その翌日には親任式に漕ぎつけた。


ところで終戦までの間、外部から内閣改造が必要であるとの説が流布されたが、この内閣は戦時最終の内閣であるとともに、敗戦の様相は、その事実と心理的にも国内にあふれ、内閣は総理ただ一人の決断によって存続したといっても過言ではないほどの時期であったから、生やさしいものでなかった。老首相一人で国政を切りまわしているような感じであった。

老首相はどっしり腹をすえ、国政を採り、一人の更迭もなかったのである。

明治十八年（一八八五年）に伊藤博文内閣が発足してから四十三代目である。主なるメンバーは、つぎの通り。

内閣総理大臣	鈴木貫太郎
外務大臣	東郷茂徳
内務大臣	安部源基
大蔵大臣	広瀬豊作
陸軍大臣	阿南惟幾
海軍大臣	米内光政
司法大臣	松阪広政
文部大臣	太田耕造
厚生大臣	岡田忠彦
大東亜大臣（兼）	鈴木貫太郎
農商大臣	石黒忠篤
軍需大臣	豊田貞次郎
運輸通信大臣（兼）	豊田貞次郎
運輸大臣（新設）	小日山直登
国務大臣（情報局総裁）	下村宏
国務大臣	桜井兵五郎
国務大臣	安井藤治

重臣会議で各重臣がそれぞれ要望した通り、鈴木内閣は、戦争の結末をつけるべき内閣として待ち望まれたものである。

国民の犠牲を考慮に入れず、最後まで戦い抜くか。東京の住民のうち地方に故郷を持たない者は、やむを得ず東京にふみ止まっているが、アメリカが東京攻撃に本腰を入れれば、手もなく住民のほとんどがやられてしまう。

新聞発表のウソ

鈴木総理以前の内閣では、いずこの新聞も〝連戦連勝〟などと、ウソッパチの新聞発表を臆面もなくやっていた。しかし、実際の戦況は「連戦連敗」であった。

朝日新聞は、「広島へ敵新型爆弾　B29少数機で来襲、相当な被害があった。……」と報道し、詳細は「目下調査中」と記した。

一、昨八月六日、広島市は敵B29少数機の攻撃により相当の被害を生じたり。

二、敵は右攻撃に新型爆弾を使用せるものの如きも詳細目下調査中なり。

この記事は、原子爆弾にやられた記事であるが、右のように上下三段にわたる二ケタの記事である。

朝日の取材能力をもってすればもっと詳細に書けるはずだが、情報局からこれだけの発表しかなかったか、あるいは、あっても発表は右の通りに書くこと、との制約がついたかも知れない。

つぎはトップ記事に見出しである。三段記事で、「落下傘つき空中で破裂、人道を無視する残虐な新爆弾」とあり、本文は、

——B29少数機が広島市に侵入、少数の爆弾を投下した。それにより、市内には相当数の家屋の倒壊とともに各所に火災が発生した。

敵はこの攻撃に新型爆弾を使用したもののごとく、この爆弾は落下傘によって降下せられ、空中において破裂したもののごとく、その威力に関しては目下調査中であるが、軽視を許されぬものがある。

敵はこの新型爆弾の使用によって、民衆を殺傷する残忍な企画を露骨にしたものである。敵がこの非人道なる行為をあえてする裏には、戦争遂行途上の焦慮を見逃すわけにはいかない。かくのごとく非人道なる残忍性をあえて行なった敵は、もはや正義人道を口にするを得ないはずである。

敵は引きつづき、なお今後もかくのごとき爆弾を使用することが予想されるので、それが対策に関しては、早急に当局により指示されるはずであるが、それまでは従来の防空対策、すなわち都市の急速な疎開、また横穴防空壕の整備など設備の防空対策を促進する要がある。

今次の敵攻撃に見ても、少数機の来襲といえども、それを過度に侮ることは危険である。

ところで、敵は新型爆弾使用開始とともに、誇大なる宣伝を行ない、すでにトルーマンのごときも新型爆弾使用に関する声明を発しているが、それに迷うことなく、各自は強い敵愾心をもって防空対策を今日からせねばならぬ。――

さて、つぎは「西南へ米英小型機、京浜、豊川付近へ戦爆約百機来襲」で、このほかにも「伊勢原付近が攻撃される」「B29佐渡ヶ島を旋回」「B29前橋付近を旋回」「B29一機関東へ侵入」

右の通り「神風が吹く」どころか、吹く相手が違う。神様はとんでもないミスを犯して、アメリカ軍の片棒をかつぎ、鬼の風でも吹くように仕組んだらしい。

アメリカが日本に対して原爆を使用するという決定については、太平洋戦争の開戦以来ずっと論議されてきた。

開戦二年前の一九三九年（昭和十四年）の十月、アインシュタイン博士が、当時のルーズベルト大統領に、「ウラニュームの連鎖反応によるエネルギーを利用して、恐るべき破壊力を持った爆弾をつくることができる」という注目すべき発言をして以来、アメリカは国力を挙げて原爆の製作に取り組んできた。

そしてその爆弾は、アメリカの敵対者に対して、かならず使用されるはずであるという強い自信と期待に裏打ちされていたのである。

一九四五年五月八日、ドイツが降伏すると同時に〝原爆を使用する敵〟の目標は、日本に向かって絞られてきた。それと同時に、原爆をどんな方法で使用するか、についてさまざまな意見が取り交わされた。

まず、公開実験をやって威力を世界に示し、その後で日本に最後通牒をつきつけるというやり方、もう一つの考え方は、前もって警告なしに奇襲的に原爆を投下する二つの案が論争の中心になっていた。

さらに重要なことは、もともと原爆は日本本土への進攻作戦で予測される莫大な数の米軍将兵の死傷を最小限に食い止め、戦争を急速に終結に持ち込む手段として使用しようというのだから、なんとしてもその時点に合わせて原爆が期待通りに生産されなければならない。そして、つぎに問題になったのが原爆投下の目標選定だった。

まず原爆の投下目標が、すでに戦略爆撃機の空襲によって損害を受けていてはなんにもならない。

つぎにその目標は、原爆の投下で日本国民の抗戦意志を挫折させてしまうような地域でなければならない。さらにその目標は軍事拠点——つまり軍隊の所在地、軍事補給物資の生産地、あるいは重要司令部の所在地などでなければならない。

だからまことに残念、はらわたがにえくり返るほどだが、仕方ない。無条件降伏をするか。あるいは戦争をつづけながら交渉するか。つまり和戦両用の構えでいくか。

いずれをとるにしても、鈴木総理の考察によることは言うまでもない。

重臣会議で、「国難に殉じ、陛下のご馬前で討死の覚悟が必要である」とはっきり発言しているのだから、日本を背負う総理としての決意は決まっていたのである。

四月八日、全国民のためにマイクへ向かったラジオ放送においても、

「齢八十ならんとする今日まで、一意専心ご奉公申し上げてまいりましたが、私ごときがお受けする柄ではありません。

しかしながら、皆様もご承知の通り、戦局が急迫した今日このごろ、私に大命降下致しました以上、私の最後のご奉公と考えますとともに、まず私が一億国民の先頭に立って死に花を咲かすなら、皆様は私の屍《しかばね》を乗り越えて、国運の打開に邁進されることを確信いたして（後略）……」と言ったのである。

この放送を聞いた人々は、鈴木総理と同様な心境となったらしく、きわめて多数の投書があった。

鈴木総理としては八ヵ年の長きにわたり、侍従長として側近で奉仕し、天皇のご意志を知りぬいていた人間であるから、組閣に当たって、とくに天皇からの励ましのお言葉がなかったにしても、その意志を明確に心得ていたであろう。

回りくどい表現をしたけれど、ずばり一言で言えば、すみやかに戦争を終結して、国民に苦しみをあたえることなく、そして彼我ともにこれ以上の犠牲者を出さないよう講和の機会

をつかむ、ということであった。

日本の悲惨な敗北は口に出して言わないけれど、皆が想像し、おびえていたところだ。だが、外交は一切なくて無謀きわまるもので、いかに戦局が悲惨でも、「いまに神風が吹き日本が勝つ」とたわ言を叫び、「国民皆兵」などと言いつつ召集で戦士を集めた。これが軍隊内部では、古年次兵が応召の初年兵に、

「お前は己れをなんと思っているか知らないが、俺が教えてやる。お前たちは一銭五厘だ。お前らは死んでも一銭五厘のハガキでいくらでも兵隊が集まる」

と言いつつビンタをとった。

とても戦争を勝ち抜く軍隊ではない、と召集兵の筆者はそう思ったものだ。

消えた勝利の夢

「和戦両用」の構えについて、重臣間で相当論ぜられていたが、鈴木内閣ができて総理が閣僚に命じたことは、わが方の戦争遂行能力に対する徹底的な調査と、研究であった。重臣会議で論ぜられた和戦両用の方向を急速に決めようとしたことであろう。

アメリカの沖縄上陸は四月一日からはじまっていた。当面の問題としては、沖縄戦において有利な姿勢を維持できれば、これを契機として和議に踏み出し、一方、国民の結集も大い

に図れるというので、陸海軍の首脳部を集め、宮中において、「陸海軍は沖縄で米英を撃滅せよ」と激励された。

さらに首相は、四月二十六日にはラジオを利用して、「沖縄の現地将兵官民各位へ」と題する短波放送を行なった。その中で、

「去る四月十三日夜半より十四日にかけての、東京空襲の夜、自分の家の周囲も火の海と化しましたが、その雨と降る焼夷弾を踏み越えながら自分の頭に浮かんだことは、沖縄で健闘せられる諸君の愛国の至情に燃えた尊い姿でありました……」と激励した。

また二十一日に、特攻隊の沖縄の勇士が飛び立つ直前にマイクの前に立ち、祖国に別れを述べたが、その放送についても言及し、

「私は、しかとこの耳でお聞きしました」と述べていた。

四月二十六日には総理官邸に陸海軍首脳部を招集して、極秘の打ち合わせ会議を行なった。それは組閣において、陸軍より提示された、いわゆる組閣の三原則の第二項「努めて陸海軍一体化の実現を期し得るごとき内閣を組織すること」の条項に対する約束を実現するための、総理大臣の意見開陳であった。

陸海軍一体化のような重要な問題を、今日打ち合わせて明日実現ということは不可能であるから、まずその雰囲気をつくっておいて、実現することを考えたのである。

この会合で総理大臣の意気込みを充分に述べ、作戦上から陸海軍を一体化し、まず沖縄の

作戦を成功させて、国民に対して戦いに勝つ望みを持たせ、いかなる苦労にも耐え忍ぶ勇気を出させて、また外交政策も有効に行なわれるようにすることを考えたのである。

当時、豊田副武連合艦隊司令長官は、「皇国の興廃はこの一戦にあり」「帝国海軍力をこの一戦に結集し……」と訓令して、海軍の第一線はことごとく出動させ、艦隊も海上特攻隊となり、二千の舟艇を集めて二個師団増援をなし、沖縄戦を最後の決戦場に、との作戦を練っていた。

だが、陸軍はいたずらに本土決戦説を固持してゆずらず、この間、アメリカは着々と沖縄に戦果をあげ、四月三日、中、北の両飛行場を占領してしまった。十五、十六日には水納島、伊江島にも上陸、沖縄本島の包囲態勢を完成した。

その後のアメリカの優勢に加えて、日本軍は多大の損害と、本土の救援がつづかないため、五月八日、アメリカ軍は首里北方三キロの地点まで迫って来た。ここで大体、日本軍の敗退が確定的になってしまった。

こうして陸海一体化を計画したが、沖縄戦勝利の夢も結局は流れてしまい、事態は好むと好まざるとにかかわらず、本土決戦を予期するところまで持ち越されて、ますます鈴木総理への期待がかけられるようになってきた。

鈴木総理の甥武にとって、忘れられない挿話があるという。

いよいよ沖縄戦が不利と決まり、歴史の上に領土侵寇という、いまだかつてない大変な出来事が起こったので、この際、中央からも飛行機で使者を送って、総理からのメッセージを届け、島民各位を激励した。

そしてその一方で、日本の各地に大きな感銘をあたえて、戦意高揚と人心の結集をはかることが必要と武は考え、それには鈴木の一家から一人ぐらい使者として犠牲を送らねば申しわけないと考え、この挙を実行すべく総理に相談した。

ところが、「お前が行くことは、むしろ沖縄の作戦に邪魔になるだろう」と最初は反対されたが、その後三回ほど話を持ちかけると、ようやく賛成されたので、飛行機で行けるかどうか、さぐりを入れてみた。

メッセージを書き上げて用意したものの、飛行機が行けないとのことで断念し、「沖縄島民に告ぐ」という鈴木総理の放送に計画を変更した。

そんなわけで武は、運命的に生命を捨てずにすんだのである。

特攻の精神

六月に入ってから、特攻隊の記事と連夜の空襲記事が新聞をにぎわしていた。日本としてはそれ以外には何も書くことができないほど、戦争の様相が変わっていたのである。

「日本人一億もれなく特攻精神、生死は問題に非ず。生死は本来、不朽、玉砕することは名誉なり。神州の不滅を信じ、かならず最終の勝利を期す」

と教え込まれた若い人たちが、生還を考えぬ片道飛行をつづけている記事が新聞に発表されていた。情報局の発表によるもので、民間の新聞社では、発表をそのまま記事にするよりほかはなかった。

筆者は昭和十九年九月に応召したが、新聞記者だったので情報局発表と新聞記事の関連についてある程度、承知しているが、新聞としては誇大記事と承知していながら掲載せざるを得なかったのである。

この問題について、いちばん憂慮したのは鈴木総理であった。戦術上からいえば、玉砕主義は明らかに敗戦主義である。

名将というか、知識、行動に秀でた将軍は、特攻隊の力を頼りにしないであろう。日露戦争で旅順閉塞隊は、いかにして乗員を死亡させず、目的物の船を敵前に沈めるかという点を考慮し、そのため六ヵ月、実施がおくれた。ボートをそろえ、救助法の万全を期し、はじめて司令官の許可がおりたのである。

それが名将の戦術であると、鈴木総理は固く信じていた。

米国が、特攻隊を自殺機と呼んでいることを、武が伯父の鈴木総理に話したところ、

「こうした戦術でなければ、態勢が挽回できなくなったということは明らかに負けである。

日本精神のはき違えだ」

と言って心配していた。

「特攻隊戦術は、優秀なる将兵をつぎからつぎと犠牲にするわけだから、つぎに入隊する者を訓練する有能な将兵がいなくなってしまう。そのため、日本軍の戦法は低下するのだ。竹槍戦法をもって敵に向かうべし、という連中と同じく、とくに冷静を失している」と鈴木総理はなげいていた。

力のなくなってしまった国が、力のある国に敗れるのは当然のことであるが、敗れるということと、滅亡するということとの違いを明らかにさせなければならない。

その民族に活動力があれば、立派な独立国として、世界に貢献することもできるが、玉砕してしまうと国家そのものがなくなり、再分割されるのだから話にもならない。

ドイツ、フランス両国が幾世紀にわたって何回も敗北をくり返しているが、滅亡するということはなかった。それは国家の生命まで涸らしてしまわないからである。

独仏ともに立派に生存しているのは、両国とも勇敢な民族であるとともに、生命力ある民族であったからであろう。このことについて、一度もかつて敗れたことのなかった日本に比較して、鈴木総理は深く考えていた。

カイロ宣言では、連合国は日本を明治維新当時の日本に縮小し、その領土は認めようとい
っている。それは国家の独立を保証した案であって、日本を植民地や奴隷にしようと狙って

いるのではない。

七月末、米英中三国の対日宣言がポツダムで発表されてから、急に各層の敗戦的思惑が濃くなってきた。

「政府や軍はなにをしているのだ。しっかりやれ」と、不満やいらいらがどこへ行ってもあふれていた。

事業家の間でも、あきらめの声を聞くようになった。しかし、疎開した地下工場を訪れたさいの若い勤労者の真剣な態度がいじらしく、そして頼もしかった。

鈴木総理は武を従えて毎土曜、日曜を棒にふって、かならず勤労者激励に各工場回りをした。名古屋の愛知時計をはじめ大宮、吉見、浅川、湘南方面と各地方を巡視したのである。夏の暑い盛りを、老体にムチ打ってよくもつづけたものだ。それも平日ではない。土、日である。彼の休日は一日もなかったわけだ。

七月十九日、対日和平案がキャッチされたが、その中に、「陛下のみ日本国民に対し戦争を停止せしめ得る」という一節があった。武が総理にそのことを話したところ、

「いかにも」とうなずかれた。

「日本の戦意を粉砕する」というトルーマンの作戦発表をキャッチしたのは七月末であった。そして、スティールウェルが、「日本は無条件降伏をするだろう。ただし、関東軍は戦うだろう」と発表したのも七月末であった。

朝日新聞、毎日新聞の特派員がベルリンから帰国したので、武はドイツ敗戦の実情を聞いた。ある有力な軍人にその話を伝えると、

「陸軍の情報には、まったくそのような話は入っていない」

と言ったのには、唖然としてしまった、という。あまりにも大きな誤信であった、と武は言う。

日本の末期的症状は日増しに濃くなっていった。

七月二十八日の、内閣記者団と鈴木首相との共同会見は歴史的なものといえよう。この会見において外交問題、つまりポツダム宣言の問題に言及して質問すべきか、どうかという問題である。

記者会では、外交問題はもっともデリケートな時期であるからして、国内問題だけにしようと相談がまとまっていた。ところが、その朝になって、軍は強硬な態度で、

「政府は戦争を遂行する態度を明瞭にして欲しい」

と申し入れてきたので、事情はどうあれ、これを行なわざるを得なくなった。

そのころの「リーダース・ダイジェスト」に掲載されたアメリカ陸軍スチフュ長官の談話にあるとおり、この鈴木総理の言明は、ポツダム宣言を黙殺した、といわれ、英語では、IGNOREやREJECT、すなわち拒否と訳されており、これがついにはアメリカの原子爆弾となり、ソ連の満州侵入となってしまった。

原子爆弾とソ連参戦

特急情報として八月六日の午後、「今朝八時二十一分、広島市上空に爆弾が一個投下された。その威力は強烈なもので、岡山以西は通信不能である」との簡単な通報があった。

詳細はわからないが、武らは七月中旬、「ニューメキシコ州アラモゴルドの砂漠で、ある種の爆弾試験に成功した」というアメリカ情報をキャッチしたのを思い出して、ただちに技術院の橋中連絡官に電話で、

「この爆弾は、アメリカがウラニウム系の原子爆弾製造に成功したもののようだ」と知らせたところ、

「技術院としては、アメリカがこの方面の研究に成功したとは思われない。それは五十トンの新型爆弾であると思う」という回答があった。

そこで、ただちに鈴木総理に報告した。

しかし、翌日八月七日の短波放送で、米国トルーマン大統領の声明が発せられたが、これは世界の驚異、原子爆弾成功のニュースだった。

わが国の研究者間においても仁科博士を中心にして、原子爆弾の原理は研究され、その甚大な威力についても充分承知されていたが、技術院をはじめ研究者のすべてが、その実現は

たのである。

将来のことであり、今次の戦争には間に合うまいと予測していただけに、驚き、かつあわてたのである。

アメリカが原子爆弾の使用にふみ切ったことで、鈴木総理は急速に終戦を決意した。この点、鈴木武が総理との会話で充分に察知したのである。

天皇も、広島の惨状、犠牲となった市民について聞かれ、これ以上勝利の当てなき戦争をつづけて、愛する国民の生命をいたずらに奪い、犠牲を重ねるのは非常に悲しむべきことである、と側近の侍従に洩らされた。この心労のほど察するにあまりあるところ。

しかし、政府は原子爆弾なるや否や、その真偽を確認するために陸海軍、技術院科学関係官を総動員し、八月七日朝、ダグラス機を利用、広島に飛び、実地検証の結果、まぎれもなく原子爆弾と実証されるとともに、その威力に驚かされた。

原子爆弾の調査は八月七日。悪いことは重なるもので、この日、ソ連の参戦通告があった。つぎに、昭和二十年八月十日付の朝日新聞「ソ連対日宣戦布告通告文」を転載しておこう。

「ヒットラー」ドイツの敗北並に降伏の後、日本は依然として戦争を継続する唯一の国たるに至れり。

三国すなわち米合衆国、英国および支那の日本軍隊の無条件降伏に関する本年七月二十六日の要求は日本に依り拒否せられたり。依って極東戦争に関する日本政府のソ連邦に対する調停方の提案は、全くその基礎を失いたり。日本の降伏拒否にかんがみ、連合国はソ連邦政府に対し、同政府が日本の侵略に対する戦争に参加し、もって戦争の終了を促進し、犠牲者の数を減少し、かつ急速に一般的平和の恢復に資すべく提案せり。

ソ連邦政府は、その連合国に対する義務に従い、連合国の右提案を受諾し、本年七月二十六日の連合国宣言に参加せり。ソ連邦政府は、かかる同政府の政策が平和を促進し、各国民をこれ以上の犠牲と苦難より救い、日本人をして「ドイツ」がその無条件降伏拒否後嘗《な》めたる危険と破壊を回避せしめる唯一の手段なりと思考する。以上の見地より、ソ連邦政府は、明日、すなわち八月九日より、日本と戦争状態にあるべき旨を宣言す。

一九四五年八月八日

そして八月十日付朝日新聞一面で、ほとんどソ連邦の宣戦布告通りの満州侵攻状態を書いている。まずトップ記事だが、記事の上部をほとんど占領している横見出しで、黒い地に白い文字で「ソ連対日宣戦を布告」とあり、つぎは五段のタテ見出しで「東西から国境を侵犯。満州国内へ攻撃開始。北満北鮮へ分散空襲」とある。いつもなら二本見出しのところ、右のように三本見出しにしてある。当然であろう。社内大騒ぎの状況が目の前にちらつく。

筆者も社会部記者だった。こんな騒ぎのときは真っ先に走り回らなければならない。しかも一言一句、誤りは許されない。目をむいて事象を見きわめたものである。

この記事を見て、日本国民は大いに驚いた。なぜならば、日ソは協定を結んでいたが、この年の春、一方的にソ連が破棄を申し入れてきた。しかし、その後一年間はその契約を守るべきものと日本側は理解していた。だから驚天動地、お人好しの日本人の驚きは想像にあまりあるものといえよう。

ともあれ、ソ連対日宣戦布告通告を受け取ったころには、ソ満国境で堰を切ったようにソ連戦車が侵攻してくるのであった。

そのころなぜか関東軍総司令官の山田乙三大将の姿が見えない。関東軍では手分けして探したが見つからない。司令官がいないと、各軍に指令を出すことができないのである。

筆者はそのとき奉天予備士官学校に在学中であったが、十日早朝、招集がかかり、「住民が暴動を起こした。出動して鎮圧せよ。なお、お前らは繰り上げ卒業とす」との命令があった。

ソ連が侵入して来たというのに、中国人と戦っていたのではソ連侵入を防止できない。おかしな命令もあるもんだ、とあきれ返って、ともあれ新京まで行こうと列車に乗ったところ、「新京駅前小学校の校庭に集合」という関東軍の命令があった。指定の場所に行くと、すでに五百名ほどが集まっていた。

そこで出身部隊ごとの小隊編成があったけれど、筆者はたった一人だから、他部隊に加わって小隊長を命ぜられた。

戦闘相手はやはり中国人。武器は旧式小銃があるだけ、弾丸もなければ、食糧もない。水筒は応召のときに持って来た竹筒でつくった水管、衣服は着たきりすずめ。就寝のための毛布もない。せめて冬の被服があれば二晩や三晩なんとかなるが、夏の被服を着ているだけ。仕方なくあわれな姿で、暴動の住民探しに出発した。

武器、食物、衣服など持つべき物は何もない。それにちゃんとした命令もない。あのときは不思議に思っていたが、戦争をやっているのか、演習かわからぬような命令、いや命令なんてものではない。指示といえばいいのか、将兵は狐にハナつままれたような按配で、ともあれ小学校を後にした。

後でわかったことだが、山田乙三総司令官は、大連に市の人たちが神社を造ることになって、その地鎮祭に出席するため大連に行き、その前日、つまり八日夜から大連の有楽街のホテルに宿をとっていた。夜だから総司令部は留守、したがって山田司令官を発見できず、ために総司令官の命令が出せなかった。民間ならだれか山田乙三大将の代わりができる人物に命令権を与えるだろうが、軍隊は命令は断固守らねばならない。

その日の夕刻、総司令官の宿泊先を探し当て、翌日、飛行機で連れ帰ったのである。

八日にはすでにソ満国境へソ連軍が押し寄せ、九日早朝から国境警備班から油断できない戦争状況の報告がつづいた。総司令官は協定破棄後のソ連の動きを充分承知しているにもかかわらず、また決戦命令など総司令官でなければ出せないのに、当の総司令官が姿を消してはどうにもならない。

ところで、ソ連の対日宣戦布告の通告があったころ、ソ満国境を堰を切ったようにソ連戦車が攻撃して来たと書いたが、日本の防衛力では、ソ連と対戦しても二ヵ月とは持ちこたえられないだろう、と見られていた。

ついに終戦の最後の瞬間が近づいてきた、という予感がするのであった。

ソ連の通告文にもあるように、ソ連を介しての和平交渉は一応、一つの手段であったにしても、みごとに裏切られ、ソ連の参戦ということになったから、世間通りとするならば、鈴木内閣はこのときに総辞職をするのが順序といえるのである。

このことについては総理と書記官長との間で論ぜられたが、鈴木総理は事態の緊迫化により、自己一身の全責任において、この戦争の終局を担当する決意を固めた。

さし当たって本土決戦に導くか、無条件降伏に進むべきか、この二つの道しかないのであるが、すでにカイロ宣言やポツダム宣言の内容については、検討を重ね、とくに国体護持という点については綿密に研究を重ねてあったので、鈴木総理は胸中深く期するものがあった。

怒濤の中の太陽

鈴木首相は、御聖断方式をもって天皇の御意志を国民全体に浸透せしめ、国民の混乱を避け、戦争を中止させるよりほかには、日本を終戦に導く方法はないとみずから心に決めていた。

つぎは、鈴木総理から甥の武が直接聞いた話である。

「日本の旧憲法では、国家機関が決定し、正規の手続きをもってご裁可を仰いだものについては、陛下は一度も拒否をされたことはない。英邁なる陛下は、帝王の学問を体得され、日本の憲法を心の底までよく心得ておられる。

陛下は絶対に専制政治を避け、立憲君主制を守られて、もしご不満があっても、なにごとによらず、ご裁可になっていた。

それで、日本の過去における陛下の御聖断されたものは、二つである。その一は田中義一総理大臣が白川陸軍大臣との奏上のくい違いから起こった引責辞職事件、もう一つは二・二六事件のさい、陛下の軍隊の掟を破って指揮し、重臣を殺害した者は叛乱軍であるとの断定をされ、討伐を命じ、戒厳を宣告されたことで、ともに国家危急のさい、当事者の判断を誤るような場合に、立派に断定されたものである」

したがって、

「国家の運命を決するような大問題以外に、聖慮をわずらわすようなことをなしてはならないのである」というものである。

大東亜戦争は、わが国はじまって以来の大不祥事であり、したがって一日も早く終戦に導くにはいかにすべきか。ここが潮時であるという時機をみはからって、急遽、御前会議を奏請してご聖断により、戦争に終止符を打ち、国民に大号令をかけ納得させる。

そして、あらためて国家百年の計を立て、日本の再建をなし、平和国家の新建設に邁進できるように持っていく、その機会をねらっていたのは事実である。そして、とうとうその時機が来たのである。

昭和二十年八月六日午前八時、広島に原子爆弾が落とされた。

同八月八日午後五時、モスクワにおけるソ連の宣戦布告により、ついに来るものが来たの予感を抱いたとき鈴木総理は、かねてこの日のくるときの結末こそ、自分が内閣首班として一挙に終戦にもっていくのが役目であると心に期していた。

いつものときなら当然、内閣が責任をとり、総辞職をしなければならないようないろいろのファクターがあったが、それにこだわっているときではない。

終戦に導き、日本を救うべき時機到来、この内閣で始末をつけることのために総理みずから立ち上がり、別人のような行動に入ったのも、まさに八月九日からであった。この日にソ連軍はソ満国境を侵犯し、満州に侵入したのである。

鈴木総理はこれを、後に「大勇なり」と称したが、まさにその通りである。日常の議事を迫水書記官長に一切任せていた首相は、まずポツダム宣言を受諾して、戦争を終結する時機について、日ごろから深く期するところがあったようだ。

それまでに武ら秘書官の集めたポツダム宣言に関する情報は、充分に分析検討をされていたが、とくにその文面より察する国体護持問題の成否、さらに国民を救う道は、天皇陛下のご聖断という異例の方策しかない、と深く心に決め、それには長い間、陛下のお側にあった自分のみが輔弼《ほひつ》の努めを果たして解決できる、と深く決意していた。

従来の例から見れば、御前会議は一つの儀式であり、天皇は発言にならないのが普通である。それを、こうした危急のときであり、その席を利用して、ご聖断をお願いする。これは陛下の御心をよく知りつくしており、胸襟を開いて、ひるまず申し上げられるのは自分一人であること、現在、輔弼《ほひつ》の任にあるものとして当然奏請すべきであると深く心に期して、この朝、自宅を出て、まっすぐ宮中に参内したのである。

総理の決意のほどは、武にはよくわかったらしい。国民を納得させ、戦争をやめさせ、そして日本を救うのは天皇ただ一人である。ご聖断を奏請したのは、まさにこのときであった。

八月九日午後十一時三十分、御前会議が開かれた。この御前会議の最高戦争指導会議の奏請については、内閣総理大臣、陸軍参謀総長、海軍軍令部総長の三名の署名、花押（書き判）が必要であった。

ところが、陸海軍部と総理とが署名して、それから御前会議を願う場合、みなが戦争に対して重要なる意見の一致を見たとき、はじめて開かれるのが通例であるが、今回はとうてい一致した意見をもってお願いできるはずがないというので、まず午前中の最高戦争指導会議打ち合わせにおいて、構成員に対し、あらかじめ署名と花押をもらってしまった。

「御前会議をお願いするときは、かならず事前に連絡してご承諾を得ます。お目にかかって署名花押をもらっていると、どうしても時間がかかる」

というのであらかじめ、この席を利用して全員の署名と花押をとったが、今度の御前会議の件を事前に相談すれば、かならず反対が出ることを迫水書記官長はよく承知していた。マゴマゴすれば、御前会議は開けない。

彼は独断で書類を宮中に提出した。しかし、御前会議招集の知らせは陸海軍大臣に大衝撃をあたえ、陸、海軍幹部は「約束が違うではないか」と官邸に押しかけて来たが、迫水書記官長は、陛下に聞いていただくだけで、結論は出さないと答弁した。

陸軍の連中は、官邸や宮中控室に押しかけ、殺気立っていた。

ところで、問題の御前会議は八月十四日に開かれたが、八月九日の第一回御前会議のさいは、迫水書記官長の機転により、署名書の独断利用で、宮中にお願いできたけれども、今度は陸海軍ともそうやすやすとは署名しないであろうと予測し、きわめて異例ではあるが、天皇陛下の方からお召しになっていただいて、御前会議を開くよりほかに道はないと考え、

「構成員だけでなく、閣僚中にも異見あり、枢密院も含めて平沼議長並びに閣僚をいっしょにお呼び願うことが適当」

と進言した。

鈴木総理は、八月十四日朝、参内、上奏してお許しを得た。この機転はじつに巧妙であった。

かくて第二回御前会議は、陛下のお召しによって開かれた点が、八月九日の第一回御前会議とは、大いに異なるものであった。

この二回の御前会議で、鈴木総理は日ごろとは別人のように、みずから先頭に立って会議をリードしたが、日本の断末魔の先頭に立ち、陛下の御聖断をお願いしつつも、国の乱れることなく、よく終戦の偉業を達成したというべきであろう。

御前会議議事録

歴史的御前会議の第一回は八月九日午後十一時三十分より十日の午前二時に至る間、宮中防空壕内の一室において開かれたが、この会議に列席したのは、鈴木総理、阿南陸相、米内海相、東郷外相、梅津参謀総長、豊田軍令部総長、平沼枢府議長、迫水書記官長、吉積、保科陸、海軍務局長、池田内閣総合計画局長官らである。

鈴木総理を除く六人が三対三で対立し、議はまとまらず、ついに総理から陛下の御裁断をお願いするにいたったのであるが、お言葉の要旨は、

「わが国力の現状、列国の状勢を顧みるとき、それ以上、戦争を継続することは日本国を滅

亡せしむるのみならず、世界人類をいっそう不幸に陥れるものなるがゆえに、この際、耐え難きを耐え、忍び難きを忍んで戦争を終結せんとするものである」

ついで陸海軍将兵、戦死者、戦傷者、戦災者、また遺族に対して慈悲深いお言葉があり、明治天皇のことに言及され、最後に、

「戦争開始以来、陸海軍のしたところを見ると、計画と実際の間に非常な齟齬、懸隔のあることが多かった。もしこれ以上戦争を継続するにおいては、今後もそういう事態が起こるのではないか」

という意味のお話まであった、という。

鈴木総理は、武につぎのように語ったそうだが、戦争終結の実際が以下にすべて含まれていると思える。

「自分は陛下にご裁断をお願いした。じつは自分は長い間、真に平和を愛好せられる陛下をよく存じあげていた。今度の宣戦布告に近衛さんが不服であったなら、御前会議において、なぜ近衛さんは陛下を信じ申して、自分と同様にご裁断を仰がずに辞職してしまったか。本当に残念である」

この点から見ても、真に平和を愛好する天皇を知る人が少なかったと思う。

八年間、侍従長として側近に奉仕していたからこそ天皇を真に敬愛し、この国家危急に直面して、ご裁断を願った首相の心情も、わかるのである。

御裁断を仰げば、陛下はかならず終戦と言われると確信を持ち、策を弄して御前会議を開いたあたり、じつに立派である。

鈴木武は鈴木貫太郎の日記によって本を書いたが、その本の題名にいみじくも「怒濤の中の太陽」とつけているが、まさにその通り、御前会議における陛下のご裁断を承知していたのである。彼こそ「怒濤の中の太陽」であった。最後まで戦争を継続するとしたら、日本国民はあらかた生命を失ったであろう。

あのとき、鈴木貫太郎が総理であったという事実は、日本にとって、このうえなく幸せなことであった。

昭和二十年八月十五日付朝日新聞の終戦に関する記事を見よう。

「新爆弾の惨害に大御心。帝国、四国宣言を受諾。畏し、万世の為太平を開く」の見出しで、「大東亜戦争はその目的を達し得ずして終結するのやむなきにいたった。科学史上未曾有の惨虐なり効力を有する原子爆弾とこれに続いて突如として起こったソ連の参戦とは大東亜戦争を決定的な段階にまで追い込んだ（中略）十四日の御前会議において畏き御聖断を拝し、この大御心によって四国の回答文を受諾するという方向は一決、ここに大詔は厳かに渙発せられ、大東亜戦はついに終結を見ることとなったのである」

そして、紙面の上部の右から左へ「戦争終結の大詔渙発さる」の大見出し。ともあれ渙発された詔書を記しておこう。

詔書

朕深ク世界ノ大勢ト帝国ノ現状トニ鑑ミ非常ノ措置ヲ以テ時局ヲ収拾セムト欲シ茲ニ忠良ナル爾臣民ニ告ク。

朕ハ帝国政府ヲシテ米英支蘇四国ニ対シ共同宣言ヲ受諾スル旨通告セシメタリ。抑々帝国臣民ノ康寧ヲ図リ萬邦共栄ノ楽ヲ偕ニスルハ皇祖皇宗ノ遺範ニシテ朕ノ拳々措カサル所ココニ米英二国ニ宣戦セル所以モ亦実ニ帝国ノ自存ト東亜ノ安定トヲ庶幾スルニ出テ他国ノ主権ヲ排シ領土ヲ侵スカ如キハ固ヨリ朕カ志ニアラス。然ルニ交戦已ニ四歳ヲ閲シ朕カ陸海将兵ノ勇戦朕カ百僚有司ノ励精朕カ一億衆庶ノ奉公各々最善ヲ尽セルニ拘ラス戦局必スシモ好転セス。世界ノ大勢亦我ニ利アラス敵ハ新ニ残虐ナル爆弾ヲ使用シテ頻ニ無辜《むこ》ヲ殺傷シ惨害ノ及フ所真ニ測ルべカラサルニ至ル。而モ尚交戦ヲ継続セムカ終ニ我カ民族ノ滅亡ヲ招来スルノミナラズ延テ人類ノ文明ヲモ破却スヘシ。斯ノ如クハ朕何ヲ以テカ億兆ノ赤子ヲ保シ皇祖皇宗ノ神霊ニ謝セムヤ是レ朕カ帝国政府ヲシテ共同宣言ニ応セシムルニ至レル所以ナリ。

朕ハ帝国ト共ニ終始東亜ノ解放ニ協力セル諸盟邦ニ対シ遺憾ノ意ヲ表セサルヲ得ス。帝国臣民ニシテ戦陣ニ死シ職域ニ殉シ非命ニ斃レタル者及其ノ遺族ニ想ヲ致セハ五内為ニ裂ク。且ツ戦傷ヲ負イ災禍ヲ蒙リ家業ヲ失ヒタル者ノ厚生ニ至リテハ朕ノ深ク軫念スル所ナリ。

惟フニ今後帝国ノ受クヘキ苦難ハ固ヨリ尋常ニアラス爾臣民ノ衷情モ朕善ク之ヲ知ル。然レトモ朕ハ時運ノ趨ク所堪ヘ難キヲ堪ヘ忍ヒ難キヲ忍ヒ以テ万世ノ為ニ太平ヲ開カムト欲ス。

朕ハ茲ニ国体ヲ護持シ得テ忠良ナル爾臣民ノ赤誠ニ信椅シ常ニ爾臣民ト共ニ在リ。若シ夫レ情ノ激スル所濫ニ事端ヲ滋ミ若人同胞排擠互ニ時局ヲ乱リ為ニ大道ヲ誤リ信義ヲ世界ニ失フカ如キハ朕最モ之ヲ戒ム。宜シク挙国一家子孫相伝ヘ確ク神州ノ不滅ヲ信シ任重クシテ道遠キヲ念ヒ総力ヲ将来ノ建設ニ傾ケ道義ヲ篤クシ志操ヲ鞏クシ誓テ国体ノ精華ヲ発揚シ世界ノ進運ニ後レサラムコトヲ期スヘシ。爾臣民其レ克ク朕カ意ヲ体セヨ。

御名御璽

昭和二十年八月十四日

各国務大臣副署

御前会議終了後、鈴木総理は、「大詔を拝して」と題して、官邸放送室から全国民につぎのような放送を行なった。

——畏くも非常の措置によって大東亜戦争を終結することに関する大詔が渙発されました。また本日正午には畏れ多くも天皇陛下御自ら詔書をご朗読遊ばされ、放送によって全国民に玉青をもってお告げ遊ばされたのであります。まったく前例を見ざる御措置でありまして、恐懼とも感激とも申しようがございませぬ。

天皇陛下の、民草を慈しみ給ふ大御心は、ただ有難さに涙を止むることが出来ません。ソ連邦は去る九日、ついに連合国側に立って、帝国に宣戦を布告するに至りました。このため帝国は、米、英、支三国のほかにソ連邦をも敵とすることとなり、帝国政府と致しましては、これをもって、大東亜戦争を継続するか、いなかについて最後の決断をなすべき時期と認めざるを得なかったのであります。

よって畏くも天皇陛下御親裁の下、廟議を確定し、帝国存立の根基たる、天皇陛下の統治権に変化なきことを条件として米、英、支並にソの七月二十六日の共同宣言を受諾する用意ある旨を通告するに決し、政府は直ちにその手続きを採りましたところ、先方より回答が参り、その回答を検討致しましたところ天皇の統治権に変更なきことを確信いたしましたので、ここに共同宣言を受諾することとなりました。

顧みれば昭和十六年十二月八日、帝国はひとえに帝国の自衛と東亜の安定とのために米英両国に戦を宣したのであります。

以来、今日に至るまで前後四年に近く、この間、皇軍将兵は、想像に絶する困苦と欠乏に耐え、鬼神を泣かしむる忠烈を前線に顕現せられました。

銃後の国民もまた、あらゆる艱難を忍んで戦力の補給に挺身し、後に及んで本土の大半が敵空爆の被害をこうむるも、常に奉公の精神を失う者を見なかったのであります。

今、ここに遠く異域に骨を埋められました勇士、本土に斃《たお》れられました同胞、その数知れぬことを想うにつけ、私は感謝と哀悼の念に胸がふさがれるのであります。また、あるいは戦陣に傷つき、郷土に家を失われた、これまた無数の人々には、慰籍の言葉にも苦しむ次第であります。

しかしながら、皇軍の凄絶なる死闘の継続にもかかわらず戦局は昨年「サイパン」の失陥を機として不利となり、爾後、あらゆる挽回の方途を講じましたが、秋になって敵の強大なる空軍は、直接帝国本土を侵寇するに至り、ために戦力の源泉である軍需産業、大中小都市交通機関等は、甚大なる破壊をこうむりました。

ことに本年春の硫黄島喪失につづいて沖縄を敵の手中に委ねるに及びまして、帝国の本土は圧倒的な敵攻撃の正面にさらされるに至りました。この間、畏れ多くも明治神宮及び皇居の炎上を許しましたことは、まことに恐懼の極みであります。しかるにこれに加うるに敵は最近、ついに世界科学史上、革命的な原子爆弾の発明に成功し、これを人類殺傷の兵器として応用、ほとんど不可抗とも言う破壊力を、わが本土と国民の上に加えはじめました。

現にこれによって現出しました惨禍は一都市一回、一個の爆撃により、瞬間にその都市大半が破壊し尽くされ、一挙に数十万人の人命を殺傷しました。しかも敵が今後もこれを継続使用することは明白でありますから、もしもこの形勢にして今一歩進むならば、その恐るべき殺傷と破壊とは帝国の戦力と民族生存の根底を抹殺するに止まらず、じつに神聖絶大なる我が国体の基礎をも危うくすることが予見せらるるにいたったのであります。

帝国政府はこの事態に処し、あらゆる熟慮と検討を重ね、陸海軍の統帥責任者とも論議を尽くしました。帝国皇軍将兵はことごとく、あくまでも旺盛なる戦意と必勝の信念に燃え、最後まで戦うことを決意しておられるでありましょう。

国民また、醜《しこ》の御盾《みたて》として、陛下の御旗の下に名誉ある死を選ばんと決意しておられるでありましょう。しかし、陛下は万民を救い、かつ世界人類の幸福と平和に貢献すべき御聖断を下し給うたのであります。

陛下の御仁慈の光被《こうひ》こそ、国体護持そのものであります。わが国体の悠久聖慮の広大無辺、まことに恐懼に堪えません。

申すまでもなく、戦争が遂にこのような形で終結を見るにいたりましたことは、前線にある皇軍将兵はもとより、国民のすべての痛憤耐え難きところに違いありませぬ、と共に国民ことごとく心より陛下に御詫び申し上げる次第であります。

私は今日はからずしてこの悲痛なる終局を、政府の首班として自ら措置するの運命を荷いましたが、私の一生の大半は帝国軍人たるの生活でありました。将兵諸君の胸中は、私も砲兵の一人としてよく存ずるところであります。しかしながら、君子の本分は生きるにつけ死ぬにつけ、いかなる場合でも天壌無窮の皇運を扶翼し奉るところであります。

この絶対の忠誠心のみが、克《よ》く国体を護持し奉ることを得るのであります。たとえ私どもが銃を奪われ、剣を捨てるとも死してなお失われることのないのは、この無限の忠誠心であります。私は聖天子在しまし宝祚《ほうそ》の長えに継がせ給う限り、かならず国運を開拓するの途は存すると信ずるのであります。

さらにこのたびの戦争において、終始、帝国とともに、東亜の解放、世界平和の実現のために戦われきたった東亜の盟邦諸国に対しては、帝国の国をあげてこれに満腔の感謝を捧げるとともに、事ついにここに至りましたことを衷心より謝するものであります。しかしてこれら諸国の隆盛を祈り、帝国とこれら諸国との信義と友愛とが永久に変わらざることは、帝国の切なる希望であります。ひるがえって戦争の終結は国民の負担と難苦とを容易に軽減するとは考えられません。かえって戦後の賠償と復興のためにいっそうの忍苦と努力を要するものであります。

帝国はその領土の多くを失うにいたりました。名誉の皇軍もその姿を消すことになりました。皇軍将兵及び国民のこの事態の不名誉は、悲嘆の限りを尽くされるでありましょう。また、今だかつて経験されたことのない環境の激変に、自らの帰趨を定めることができないでしょう。しかし、大死一番、一夜の号泣から醒《さ》めたその瞬間から過去一切の恩讐を越えて、また一切の利己的な考えを断ち切って、本土の土に民族永遠の生命を保持発展せしめて行くのであります。それには国民が自治、創造、勤労の生活、新精神を涵養して新日本建設に発足し、特に今回戦争における最大欠陥であった科学技術の振興に努めるほかないのであります。

しかして、やがて世界人類の文明に貢献すべき文化を築き上げねばなりません。それこそ陛下の広大無変なる御仁慈に応え奉る唯一の途なのであります。これを達成するにおいては、究極において日本の勝利は実現するのであります。

帰還軍人、傷痍軍人、戦災者、その遺家族に対しては、国家と国民は最後まで温かい慰安と協力を尽くさねばならないことはもちろんであります。

またそれ、共同宣言実施期間中においては、どこまでも日本人本来のまじめさを発揮して、信を世界に高めるの心構えで処したいものであります。

要は、皇室を戴《いただ》いた日本国民の良心と、正しい力とが、一日も速やかに世界における帝国の地位をその正当なるところに還すことであります。それには御詔書の聖諭の通り、挙国一家となって子孫に相伝え、不屈不撓最大の努力をしなければならないのであります。

私はかならずや全国民がこの私の期待にそわれるものと信じます。

エピローグ

鈴木貫太郎のその後については、甥の鈴木武の書いた『伯父の臨終』にくわしい。以下その著作から拾ってみたい。

終戦直後、お節介な男がいて、その男が、

「鈴木総理はどうして自刃しないのか」

と詰問したという。

「俺が死なないのは、命が惜しいからと思っているかも知れぬが、決してそうじゃない。命は、はじめから問題にしていない。死んですむなら、いちばん容易なことだ。生死は、その当人の信念の問題だ。中国のある忠臣は、友人に後事を頼んで殉死したとき、『自分はやさしい方を選ぶから、君にはすまないが、難しい方を頼む』と言ったそうだ。

だれでも生命を絶って責任がすませるものなら、問題は楽だ。累積する不名誉や、責任を持つのが嫌だから死ぬ、という方法もあるが、こうした意味からいくと、自分ほど不名誉な人間はいない。降参首相、というこんな不名誉は、日本の歴史でははじめてだ。

しかし、自分の名誉などということは問題ではない。陛下や国家の不名誉を招来したので、自分の責任はまことに重い。ただ自分は長い間、日本のため、世界のため『永遠の平和』ということのみ考え、念願してきたので、この信念のもとに、日本の最近二十年間、軍の持っていた考え方を改めさせ、戦争を止めて、民族の将来に対して、名誉ある世界的な国家として復活することを願って来た。

つまり民族が残り、国家が新しく再生することについて、首相として見通しをつけ、実行をしたまでである。あとは日本民族が苦しくとも再出発をして、真に健全なる国家になっていくことに全力をあげる。その前途を静かに見まもりたい」

と、しみじみ語っていた。

つまり、ものの善悪や名誉に対する批判など、その瞬間の結果だけでは、人を批判することはできないので、当人が偉大な人物であれば、その信念にもとづいて出発したことはかならず善となり、名誉としてもどってくるものである。

鈴木総理の場合でも、目先のことだけを考える人の頭では、想像がつかないであろう。

責任感が人一倍強い人、また思慮深い人が、国家がひっくり返るような危険な出来事に直面して、こうした考え方を平然と実現するまでには、よほどの見通しと信念がなければできないことだと思う。

自己の生命という問題を超越して、国家民族の興亡について落ちついて考えるだけの余裕を持つ人が、今の世にはたして何人いるだろうか。

このような点から、鈴木の行動は誠忠であり、誤ってはいなかった、と信じていいのではないだろうか。

老齢にして、信念のつづく限り、あの大仕事を体力、精神力以上にやってのけた。

終戦当時は五キロ以上も体重がへり、顔もゲッソリやせたが、七十九歳の高齢であるため、人一倍すりへらしていたのではないか。

しかも当時は、身辺かならずしも平穏ではなかった。八月十五日の朝、暴徒の襲撃があったけれど、うまくまぬがれた。それから碑文谷、洗足、等々力、玉川河畔などを転々し、他人の家に仮寝をつづけたのは約半年。これは本人の意志ではない。周囲のたっての意見にしたがったまでである。

終戦の真意が世間に判然としてきたし、鈴木の苦心も各方面で充分に認められ、身の安全が確保され、郷里関宿町の住民が暖かく迎えてくれることになって、懐かしい父祖伝来の家に帰った。彼は〝真実一路〟、国を思う一念のみであった。

私欲を離れ、いっさいの持ち物を失い、物欲もなく、ただ暖かき農民の心と、祖父の遺徳とに無限の感謝をしつつ、静かな境遇に入ったのである。再建日本、民主日本を心から念願して、それでも何かと心配しつつ、また天皇のお召しがあるときはかならず上京して、お伺いすることを最高の楽しみとしていた。

昭和二十二年七月、病魔におそわれた。後頭部の癌である。

夏の暑いさかりを、小石川の大学病院に二ヵ月ほど入院した。しかし、八月末には元気で退院した。

九月の暴風雨で利根川土手が決壊、その後を心配して、栗橋河岸に行き、埼玉県副知事の説明を聞き、付近の罹災者を見舞ったが、これが公に外出した最後であった。

じつはそのころなんとなく体の調子が悪く、床に伏すことが多くなってしまった。顔色がよくない。二・二六事件以来、いろいろ体について相談していた塩田博士は憂慮し、

「不吉な予感がする」と顔をくもらせた。

しかし、彼鈴木貫太郎の一生が生死を超越した人生であっただけに、自身、すでにかくのごとき予感をしていたと思うが、少しも態度には現われなかった。人生を達観した偉人の心境ではなかったか。

ところで、関宿町の医師浜野は親身もおよばぬ看病をしていたが、昭和二十三年三月中旬から次第に調子が悪化していったという。

四月になって病状がいよいよ悪化、腹部に水が溜まるようになっていた。

十五日、天皇、皇后両陛下は侍従を関宿町につかわされ、ブドー酒を賜わったが、このとき、不思議なことに意識明瞭となり、

「まことにありがいことです」と非常に喜んだという。

十六日から昏睡状態に入り、うわごとのように国家を憂うる言葉が出たのは、いかにも「鈴木貫太郎の臨終」らしき感じであったそうだ。「永遠の平和だ」とも叫んだらしい。

しかし、私事については一言も語らなかった。じつに筆舌に現わすことのできない荘厳なる大往生であった。昭和二十三年四月十七日午後二時三十分。

葬儀は四月二十三日、東京小石川護国寺で行なわれたが、勅使をはじめ参会者はきわめて多数で、国民葬の感があった。当日の葬儀委員長岡田啓介の弔辞の一部をかみしめて見ようと思う。

「（前略）昭和二十年四月、故人が内閣総理大臣の大命を拝されましたときは、大戦の戦局、すでに窮まり、まさしく祖廟と社稷の危機でありました。しかも国内の情勢は頑迷激烈なる本土抗戦の主張が横行し、大勢の赴くところ、ついに亡国の悲運を招くほかはないと思われるばかりでありました。

鈴木君はこの未曾有の難問にあたり、老体を挺して終戦のことに従い、狂瀾を既倒に回すの勇猛心をもって、よくこの大事を成し遂げられたのであります。

敗戦の悲壮なることは、古今の歴史が示す通りでありまして、無量の感に耐えないところ

でありますが、幸いにして皇室の安泰と民族の生存を確保し、他日、国家としての再建復興の目途を持ち得ることは不幸中の幸いと申すべきでありましょう。

顧みて故人なかりせば、祖国の命運果たしていかなるものであったろうかと思えば、今さらのごとく鈴木君が君国にとって一大柱石であったことを痛感せずにはおられません。

（後略）」

あとがき

鈴木貫太郎が晩年を過ごした家の敷地内に「鈴木貫太郎記念館」が建てられ、常時、数名の町役場職員が参観者にたいする接待と館内説明に当たっている。鈴木の業績とともに関宿町の人々が鈴木に寄せる並々ならぬ親愛の情を、末長く後の世に伝えていくはずである。

筆者は取材に訪れ、鈴木の生い立ちから没するまでを聞いて歩いたが、町の人々は彼の徳をたたえ、筆者を容易に離そうとしなかった。あの敗戦の時から五十年近くもたっているのに、鈴木はまだこの世に生存しているかのようだった。

ところで、今は政治家も役人も己れだけを可愛がり、国民の幸せを忘れてしまったような御時世だが、こうしたときこそ鈴木のような人物をもっと広く知ってもらう必要があるのではないかと思い立って、今回の仕事をはじめた。

本書の執筆に当たっては、鈴木武編著『怒濤の中の太陽』（鈴木貫太郎首相秘録編纂委員会）、『鈴木貫太郎自伝』、小堀桂一郎著『宰相鈴木貫太郎』（文藝春秋）など沢山の著作を参考にし、引用した。各位に厚く御礼を申し上げる。また関宿町役場の方々、記念館の職員各氏にもお世話になった。ありがとうございました。

一九九五年八月

小松茂朗

鈴木貫太郎　年譜

年号 年齢	年譜	国内事情	国際事情
慶応３年（1867）	12・24 和泉国久世村久世家陣屋にて鈴木由哲の長男として出生	徳川慶喜、大政奉還を請う 坂本龍馬・中岡慎太郎、京都で暗殺	オーストリア・ハンガリー帝国成立
明治２年（1869）２歳	東京へ移転	議定岩倉具視、条約改訂を建議 蝦夷地を北海道と改称	米大陸横断鉄道完成 スエズ運河開通
明治５年（1872）５歳	2・ 郷里関宿に帰る 3・ 関宿久世小学校入学	卒の身分を廃止、皇族、華族、士族、平民となる 兵部省廃止、陸海軍省設置	ベルリンで独・墺・露の三帝会見 英・蘭スマトラ条約（オランダのインドネシア支配確定）
明治10年（1877）10歳	9・ 群馬県前橋移転 桃井小学校に転校	立志社片岡健吉ら、国会開設建白書を提出 西南戦争、西郷隆盛自刃	英、ビクトリア女王インド皇帝を兼任 露土戦争起こる
明治12年（1879）12歳	群馬中学校入学	琉球藩を廃止、沖縄県を置く	独、仏領のアルザス・ロートリンゲンを併合

明治13年（1880）13歳	明治14年（1881）14歳	明治15年（1882）15歳	明治16年（1883）16歳	明治17年（1884）17歳	明治18年（1885）18歳
		9・新聞により海兵を志す	群馬中学を退学し東京近藤塾に入学、海軍兵学校入学準備	9・4 海軍兵学校入学（第十四期生）	
河野広中、片岡健吉らが国会開設を請願	海軍機関学校設置 明治二十三年を期し国会開設を詔諭 自由党結党	軍人勅諭下賜 朝鮮京城事変勃発、暴徒が日本公使館を襲撃	官報を創刊	華族令制定 京城事変勃発、韓国王日本軍の護衛を要請する	内閣官制公布、伊藤博文が初代内閣総理大臣となる
清国の李鴻章が海軍を創設	パナマ運河起工	独墺伊三国同盟調印 英、エジプトに宣戦布告	英国、エジプトの支配権を確立 仏国、安南を保護領とする	仏軍、カンボジア占領 清国、フランスに宣戦布告	清仏天津条約調印

明治19年（1886）19歳	明治20年（1887）20歳	明治21年（1888）21歳	明治22年（1889）22歳	明治23年（1890）23歳	明治24年（1891）24歳
	7・5 海軍兵学校卒業 海軍少尉候補生 遠洋航海（筑波艦）	8・1 天龍乗組	6・ 海軍少尉		
海軍条令と鎮守府条令を公布 陸軍は鎮台を廃し新たに六コ師団を置く	海防整備の勅語を賜わり、御手許金三十万円を下賜	海軍参謀本部条令公布 海軍大学校官制公布 海軍兵学校、江田島に移る	帝国憲法と皇室典範を制定公布 外相大隈重信は爆弾を投げられ右足に重傷を負う	第一回衆議院選挙 立憲自由党結党 教育勅語下賜 第一回帝国議会招集	津田三造、大津にて来朝中のロシア皇太子を襲い傷つく 清国水師提督丁汝昌、北洋艦隊を率いて訪日 帝国議会議事堂落成
英、ビルマを併合	仏、交趾支那（ベトナム南部）を併合	英、北ボルネオを保護国とし、ニューギニアを占領する	サモア島を英米独の三国共同保護下におく	英仏協商（植民地再分割） 英仏協商（同左）	英仏同盟調印 独墺伊三国同盟更新

年	事項	国内	海外
明治25年（1892）25歳	11・海軍大尉	露国東洋艦隊横浜に来港	ウラジオストックでシベリア鉄道の起工式
明治26年（1893）26歳	11・横須賀水雷隊攻撃部艇長	天皇、内廷費から六年間、毎年三十万円を下付、文武官僚も俸給の一割を製艦費に充つべしと下命	ハワイに革命起こる
明治27年（1894）27歳	対馬水雷隊攻撃部艇長 旅順攻略に出動	朝鮮に東学党の乱が起こり清国まず出兵、我国も兵を派す 清国に対し宣戦布告 海軍省庁舎、霞ヶ関に移る	
明治28年（1895）28歳		清国北洋艦隊水師提督丁汝昌投降 日清講和条約調印 露独仏は日清講和条約に干渉、遼東半島を清国に還付せよと日本に勧告	独皇帝、露皇帝に黄禍論を述べる 韓国に乙未政変（閔妃殺害事件）起こる
明治29年（1896）29歳		進歩党結成 日本郵船会社、欧州航路を開始 三陸地方に津波（死者三万余人）	露清密約成立 清国、ウスリー鉄道敷設権を露国に与える
明治30年（1897）30歳	3・30 海軍大学校入学	新貨幣法の実施（金本位制の確立） 全国に赤痢大流行（死亡者二万二千余人）	トルコ、ギリシャに宣戦 ドイツ宣教師殺害によりドイツ艦隊膠州湾を占領す

明治31年（1898）31歳	5・2　海軍大学校将校科卒業 6・28　海軍少佐 12・19　海軍大学校甲種卒業 海軍軍令部部員 兼海軍省軍務局課員	元帥府を設置 自由、進歩両党合同して憲政党を結成	米西戦争発生 独、膠州湾を租借 露、旅順と大連を租借 英、九竜を租借 仏、広州湾を租借
明治32年（1899）32歳		陸海軍大臣現役大中将制確立 改正条約実施（外国人の内地雑居の許可、税権、法権の回復および新関税の実施）	清国山東省に義和団事件起こる 米国、列国に支那の門戸開放、機会均等主義を提言 南阿戦争発生
明治33年（1900）33歳		東郷平八郎、常備艦隊司令長官に任命 清国義和団事件のため軍艦笠置を天津に派遣 北清事変（義和団事件）に出兵を決定 立憲政友会発会式	ケットラー・ドイツ公使、北京で義和団に殺される 清国皇帝、北京に出兵した各国に対し宣戦布告 各国連合軍北京入城 英国、南阿共和国を併合 清国、列国に陳謝し和平休戦を提議 第一次露清密約調印
明治34年（1901）34歳	7・　ドイツ駐在	皇孫（昭和天皇）御生誕 京都、大阪財界に恐慌起こり銀行取り付け起こる 星亨、刺客伊庭想太郎に暗殺さる	連合国、義和団事件講和議提書調印 マッキンレー米大統領暗殺、ルーズベルト大統領就任 モロッコは仏領となる

明治35年（1902）35歳		日英同盟条約調印 英皇帝戴冠式参列のため軍艦浅間、高砂を派遣 英国で建造の三笠、横須賀着 海軍拡張案を議会に提出	シベリア鉄道完成 露仏協同宣言（日英同盟に対応） 英皇帝戴冠式 露、満州より一部撤兵
明治36年（1903）36歳	9・海軍中佐 日進、春日回航準備 帰国命令	小学校教科書の国定制公布 衆議院、海軍拡張案（六六艦隊）を可決 七博士、対露強硬意見書を発表 専門学校令公布 東北の大凶作 早慶戦はじまる	ライト兄弟飛行機を発明 露軍、満州に南下し、旅順に極東総督府設置 露の社会民主労働党がボルシェヴィキとメンシェヴィキに分裂 米、パナマ運河地帯を永久租借す
明治37年（1904）37歳	2・6 ロシア開戦 2・16 日進、春日回航に成功	対露宣戦布告 大本営設置 旅順口閉塞作戦 東京市民戦勝祝賀会を開き雑踏のため死者二十名を出す 東郷連合艦隊司令長官、遼東半島封鎖宣言 大山巌を満州軍総司令官に任命 黄海海戦 遼陽会戦 愛国婦人会設置	各国局外中立宣言 日韓攻守同盟調印 英仏協商調印 米、パナマ運河起工 山東鉄道開通 シベリア鉄道のバイカル湖、ハバロフスク間工事完成 バルチック艦隊リバウ軍港出発

明治38年（1905）38歳	第四駆逐隊司令として殊勲あり 11・海軍大学教官	旅順開城 奉天会戦 日本海海戦 日露講和条約成立 韓国保護条約調印 大本営解散 日清満州条約調印	ロシア第一革命 露ウィッテ和平を上奏 ノルウェー、スウェーデンより独立 ルーズベルト米大統領、日露両国に和平勧告 孫文、中国革命同盟を結成
明治39年（1906）39歳		海軍記念日を五月二十七日と制定 日露講和条約により北緯五十度以南の南樺太を領有 鉄道を国有化 南満州鉄道株式会社を設立	アルジェシラス列国会議、モロッコ問題を討議 英戦艦ドレッドノート進水 米国サンフランシスコに日本学童排斥問題起こる キューバに反乱起こる
明治40年（1907）40歳	9・海軍大佐	株式市場大暴落、財界恐慌起こる 足尾銅山暴動起こる 韓国の内政監督に関する日韓協約調印 日露協約（満州における勢力範囲協定）調印 十三師団を十九師団に増加	米国の日本移民制限法成立 ハーグ第二回万国平和会議 英露協商調印 ニュージーランド自治宣言 サンフランシスコで排日暴動
明治41年（1908）41歳	9・明石艦長（第二艦隊）	日米紳士協約（移民制度） 日露樺太島境界劃定書調印 戊申詔書発布 高平・ルート協約（中国の門戸開放機会均等に関する日米協約）成立	トルコで青年トルコ党反乱 ブルガリア独立宣言 墺、ボスニアを併合 ベルギー、コンゴ自由国を併合 ロンドン海軍国際会議

明治42年（1909）42歳		対韓方針（併合）を閣議決定 伊藤博文暗殺	米、真珠湾を海軍根拠地に指定 米国務長官が満鉄の六ヵ国協同管理を提議、日露両国の反対で不成立
明治43年（1910）43歳	7・海軍水雷学校長	幸徳秋水らの大逆事件 韓国併合の詔書発布、韓国を朝鮮と改む 白瀬中尉らの南極探検隊、開南丸にて品川沖発 徳川好敏大尉、代々木練兵場で試験飛行、三千メートルの新記録をつくる	南阿連邦成立 日露第二次協約（満州の現状維持）調印 ポルトガル革命、共和制となる
明治44年（1911）44歳	12・敷島艦長	大逆事件判決（幸徳秋水ら二十四名死刑） 南北朝正閏問題起こる	米国カリフォルニア州に排日問題起こる 英皇室ジョージ五世戴冠式 トリポリ戦争 武昌に革命蜂起、辛亥革命発生、南京に革命政府樹立
明治45年45歳 大正元年(1912)	9・筑波艦長（第二予備）	米価暴騰新記録（正米相場一升三十一銭八厘） 明治天皇崩御、大正と改元 乃木希典夫妻殉死	清国、中華民国と改む、孫文が大総統に就任 第一次バルカン戦争 伊土ローザンヌ条約成立
大正２年（1913）46歳	5・海軍少将 舞鶴水雷司令官 8・第二艦隊司令官 11・舞鶴水雷隊司令官 12・海軍省人事局長	立憲同志会（桂首相の新政党）結成 桂内閣反対の民衆騒乱 陸海軍大臣の任用範囲を現役から予備役に拡大	第二次バルカン戦争 中国南北戦争始まる 袁世凱、大総統に就任 メキシコに革命起こる

大正３年 （1914）47歳	4・　海軍次官	シーメンス事件 第二艦隊司令長官加藤定吉、膠州湾封鎖を宣言 日本軍、独領南洋群島を占領、青島を攻略	米、メキシコ国交断絶 第一次世界大戦始まる パナマ運河完成 英、エジプトを保護領に編入
大正４年 （1915）48歳		対支二十一ヵ条要求 追浜で海軍機墜落、安達大尉と武部中尉殉職（海軍機最初の事故） 大正天皇即位式 日本郵船八坂丸、地中海で独潜水艦に撃沈さる	独飛行船、対英空襲開始 ルシタニア号、独潜水艦に撃沈さる ベルダン陥落 ジョッフル元帥、連合軍総司令官となる ドッガー・バンク海戦 独潜水艦、対英封鎖開始
大正５年 （1916）49歳		中国動乱の拡大に備え第三艦隊を上海に派遣 憲政会発足 独の講和提議の報に市場惨落	ジュットランド沖英独海戦 黎元洪、中国大総統に就任 ポーランド独立宣言
大正６年 （1917）50歳	6・　海軍中将 補練習艦隊司令官	石井・ランシング協定成立	独、無制限潜水艦戦宣言 米、対独宣戦 ロシアに十月革命起こり労農政府成立、レーニン首班となる ソ連、独と単独講和

大正７年 (1918) 51歳	12・海軍兵学校長	米騒動（東京の白米小売価格は一升五十銭を突破〔前年同期の二倍〕、騒動は全国に波及、ついに軍隊出動す） チェコ軍援助のためシベリア出兵	エストニア、ラトビア独立を宣言 露国の廃帝、皇后、皇太子、皇女が銃殺される ハンガリー、独立宣言 独に革命起こる 独皇帝、退位を宣言 連合国、独と休戦条約調印
大正８年 (1919) 52歳		シベリア撤兵 普選運動ひろがる ベルサイユ講和条約により、山東省と膠州湾にドイツが有した権利を日本に引き渡し、赤道以北の旧独領の委任統治国を日本に指定	パリ平和会議開く コミンテルン結成 イタリアにムッソリーニのファシスト党結成 中国各地に日貨排斥運動 ベルサイユ条約調印 国際連盟規約締結 独、ワイマール憲法制定
大正９年 (1920) 53歳	12・第二艦隊司令長官	平和克服の大詔発布 衆議院、普選案を審議中に解散 尼港事件起こる 株式市場大暴落、財界大恐慌 第一回国勢調査 明治神宮鎮座祭	国際連盟成立 独ナチス党結成、ヒトラー党首 米上院、国際連盟規約の批准拒否 中国共産党創立 ギリシャ、トルコと開戦 中国の安直戦争 北京政府、南北統一を宣言、孫文これを否認

大正10年（1921）54歳	大正11年（1922）55歳	大正12年（1923）56歳
	7・呉鎮守府司令長官	8・海軍大将
第一回国勢調査表（内地人口五五九六万一一四〇人） 皇太子、欧州各国巡遊のため軍艦香取で三月三日出発（九月三日帰朝） 原敬首相、東京駅で暗殺される 皇太子、摂政に御就任	軍縮により戦艦尾張など七隻に工事中止命令 ワシントン海軍条約成立（八八艦隊の建造中止） 犬養毅ら革新倶楽部を結成	軍縮により舞鶴鎮守府廃止 日本共産党第一次検挙 第七十号潜水艦、淡路島仮屋沖で沈没 関東大震災 大杉栄らが憲兵に殺さる 虎ノ門事件（難波大助の大逆事件）
パリ国際最高会議、独賠償金二二六〇億金貨マルクと決定 日英米仏四国協約成立、日英同盟を解消 ワシントン海軍条約調印（日本の主力艦保有量は英、米の六割に制限） アイルランド独立す	九ヵ国条約調印 英、エジプト独立承認 張作霖、東三省独立宣言 伊ファシスト党員がローマに進軍、ムッソリーニ政権獲得 米最高法院、日本人の帰化禁止を宣告 ソビエト社会主義共和国連邦樹立を宣言	仏軍、ルール占領 独マルク大暴落（一ポンド対一九〇億マルク） トルコ共和国、建国宣言、ケマルパシャ大統領となる ヒトラーのドイツ国民革命失敗 ボロジン、広東国民政府最高顧問となる

大正13年 (1924) 57歳	1・ 第一艦隊司令長官兼連合艦隊司令長官（旗艦長門） 12・ 軍事参議官	政友本党を結成 皇太子裕仁親王、久邇宮良子女王と御成婚式 海軍、第一期廃艦名を発表 埴原駐米大使、排日問題につき米国政府に「重大なる結果」を警告	中国国民党第一回全国大会、国共合作を採択 レーニン死去 米大統領、排日法案に署名 北京で馮玉祥のクーデター
大正14年 (1925) 58歳	3・ 特命検閲使 4・15 海軍軍令部長（兼）海軍将官会議議員	東京放送局（ＪＯＡＫ）開設 普選法案、貴衆両院を通過 治安維持法公布 新空母赤城進水 貴衆両院議事堂全焼 労働農民党結党、即日結社禁止となる	ムッソリーニ内閣改造、全閣僚にファシスト党員を任命 孫文死去 独、ヒンデンブルグ大統領となる 上海に反帝学生デモ（五・三〇事件） 各国は陸戦隊を揚陸 ペルシャ革命 ロカルノ条約調印
大正15年(1926) 昭和元年 59歳		政友会総裁田中義一、三百万円訴訟事件起こる 社会民衆党結成 政友会と政友本党の提携成立 大正天皇崩御、御年四十八 昭和と改元	ブラジル、国際連盟脱退 中国国民軍、太沽で日本駆逐艦を砲撃 ポーランドに革命起こる 蒋介石、国民革命軍総司令に就任、北伐開始 中国北伐軍、漢口を占領
昭和２年 (1927) 60歳		金融恐慌 中国革命軍、南京の日本領事館襲撃 山東出兵 在満部隊に出動命令	中国各地に排英運動起こる 中国革命軍上海占領、各国陸戦隊揚陸 蒋介石、南京政府を樹立 日英米軍縮会議決裂

年	鈴木貫太郎	国内	国外
			南京政府、北伐を命令 南京政府、不平等条約の無効を宣言
昭和3年 (1928) 61歳		第十六回衆議院総選挙（わが国最初の普通選挙） 第二次日本共産党大検挙 第二次山東出兵決定 第三次山東出兵断行 パリ不戦条約（ケロッグ不戦条約）調印 御即位の大礼式挙行	米、不戦条約提議 済南にて日中両軍交戦（済南事件） 中国国民政府、治外法権撤廃を宣言 張作霖爆死事件 蔣介石、主席に就任 国民政府、東三省を合併
昭和4年 (1929) 62歳	1・22　予備役　侍従長抑付 2・14　（兼）枢密顧問官	加藤寛治を軍令部長に任命 旧労働党代議士山本宣治刺殺さる 朝鮮疑獄事件 私鉄疑獄事件 勲章疑獄事件	漢口の排日運動激化 東支鉄道に関する中ソ協定成立 英国、日米仏伊に対し海軍軍縮会議の招請状を発送 ニューヨーク株式暴落、恐慌起こる
昭和5年 (1930) 63歳		金輸出解禁 統帥権干犯問題（海軍部内の分裂） 米価大暴落（大正六年来の安値） 陸軍青年将校、桜会を結成 枢密院、ロンドン条約諮詢案を可決 浜口首相狙撃事件	ロンドン海軍軍縮会議 英、威海衛を中国に返還 間島に朝鮮人暴動起こる（五・三〇暴動） 済南事件対策に関する日英米三国会議 長沙（中国）の日本領事館焼き払わる 米、大建艦案を発表

年	経歴	国内	国外
昭和６年 （1931）64歳		陸軍のクーデター（三月事件、不発） 柳条湖事件（満州事変）起こる 陸軍青年将校のクーデター（十月事件、不発） 金輸出再禁止	英仏伊三国海軍協定 スペイン革命 ソ仏不可侵条約 中国政府、国際連盟に日華紛争調停要求 国際連盟理事会、期限付で満州撤兵勧告案を可決 米国務長官、日本の錦州攻撃に抗議
昭和７年 （1932）65歳	11・24　後備役	桜田門大逆事件 血盟団事件、前蔵相井上準之助暗殺さる 五・一五事件（海軍）、犬養首相射殺さる 満州国を承認 松岡洋右を国際連盟総会日本代表に任命	上海事変起こる スチムソン米国務長官、対日声明発表 満州国建国宣言 独、ナチス第一党となる 日中紛争に関し連盟臨時総会開かる 日中両軍、山海関付近で衝突
昭和８年 （1933）66歳		対連盟国民大会、日本の即時連盟脱退を決議 国際連盟脱退通告 神兵隊事件発覚 五・一五事件海軍側被告に求刑 海軍青年将校水交社に会合し五・一五事件求刑に反対を決議す 海軍軍令部条例廃止（軍令部と改称、海軍軍令部長は軍令部総長となる）	米、満州国不承認を通告 ヒトラー内閣成立 米海軍、全艦隊の太平洋岸滞留を声明 国際連盟総会、日中紛争調停勧告案を四十二対一で可決、日本代表退席 米の金融恐慌、金輸出禁止 F・D・ルーズベルト、米大統領となる ヒトラーの独裁成る

		陸・海軍省、軍民離間運動につき声明書発表 皇太子御誕生	国際連盟、満州国不承認報告書を採択 独、連盟および軍縮会議より脱退 米、ソ連を正式承認
昭和９年（1934）67歳		帝人疑獄事件 貴族院議長近衛文麿、親善使節として訪米 東郷平八郎元帥国葬 十一月事件（陸軍）（不発）	米大統領、海軍拡張法案に署名 ヒトラー、独総統となる 日英軍縮予備会議 伊軍、エチオピア侵入 日本、ワシントン海軍条約破棄を通告
昭和10年（1935）68歳		天皇機関説問題化す 衆議院、国体明徴決議案を可決 日本の国際連盟脱退の効力発生す 政府、国体明徴声明 陸軍省軍務局長永田鉄山、相沢三郎中佐に斬殺さる	独、再軍備宣言 仏ソ相互援助条約調印 中国共産党、抗日救国を宣言 伊、エチオピア開戦 英、日米仏伊を海軍軍縮会議に招請 蔣介石、行政院長に就任
昭和11年（1936）69歳	2・26　陸軍青年将校らに襲われ重傷を負う 11・20　枢密顧問官専任	ロンドン海軍軍縮会議脱退 二・二六事件 軍部大臣現役制復活 日独防共協定調印	独軍、ラインランド侵入 ソ蒙相互援助条約成立 伊、エチオピア併合宣言 フランコ将軍、スペインにて軍事独裁を声明 上海にて日本海軍陸戦隊狙撃事件 西安事件（蔣介石監禁）

年	事歴	国内	国外
昭和12年 (1937) 70歳	12・12 議定官 4・12 退役	1・21 寺内陸相、浜田議員と論争 1・23 広田内閣総辞職 1・29 宇垣内閣流産 2・2 林内閣成立 3・23 閣議、英国の軍縮会議招請拒絶を決定 5・31 林内閣総辞職 6・4 第一次近衛内閣成立（米内海相留任） 7・7 日華（盧溝橋）事変起こる 8・13 上海にて日中両軍衝突 11・6 伊、日独防共協定参加 11・17 戦時大本営令公布	6・10 ソ連政府、トハチェフスキー元帥らの逮捕を発表 7・28 通州事件 7・29 蔣介石、挙国一致民族抗戦を声明 9・28 国際連盟総会、日本非難決議案を全会一致で可決 10・6 米、日本の対中行動を糾弾 12・2 スペインに新政権成立 12・11 伊、国際連盟脱退 12・12 パネー号（米艦）、レディバード号（英艦）事件 12・13 日本軍、南京を占領
昭和13年 (1938) 71歳		1・11 対支最高方針決定（大本営御前会議） 1・15 近衛首相声明（国民政府を相手とせず） 3・24 国家総動員法成立 5・26 近衛内閣改造（外相宇垣一成、蔵相兼商相池田成彬、文相荒木貞夫） 6・3 杉山陸相辞任、後任板垣征四郎	1・10 日本海軍陸戦隊、青島を占領 2・10 独、満州国を承認 3・13 独墺合併宣言 5・18 徐州会戦 6・9 蔣介石、列国に援助要請 6・30 英米仏、主力艦最大限四万五千トンに引き上げ協定調印 9・26 ヒトラー、対チェコ武力行動を宣言

	昭和14年（1939）72歳
7・14 張鼓峰事件（8・10 日ソ停戦協定成立） 9・30 宇垣外相辞任（10・29 後任有田八郎） 10・8 大島浩を駐独大使に任命 11・3 近衛首相、東亜新秩序建設方針声明	1・4 近衛内閣総辞職 1・5 平沼内閣成立（板垣陸相、米内海相留任） 4・12 米穀配給統制法公布 5・11 ノモンハン事件（9・13 停戦協定成立） 7・26 米、日米通商航海条約廃棄を通告 8・23 平沼内閣総辞職 8・30 阿部内閣成立（陸相畑俊六、海相吉田善吾） 9・4 政府、欧州戦争不介入を声明 9・25 外相に野村吉三郎を任命 11・1 舞鶴鎮守府設置
9・29 英仏独伊四国巨頭、ミュンヘン会議 10・22 日本軍、武漢三鎮を占領 12・20 汪兆銘、重慶よりハノイに脱出 12・30 汪兆銘、日中和平声明発表	1・20 国際連盟、中国援助を決議 3・15 独、チェコ併合 3・23 独、スロバキアを保護国とす 4・5 米陸軍長官、日独伊制裁を演説 5・22 独伊軍事同盟成立 8・19 独ソ通商協定 8・23 独ソ不可侵条約調印 9・1 独軍、ポーランド進駐 9・3 英仏、対独宣戦布告 9・5 米、中立宣言 9・17 赤軍、ポーランド進駐 11・4 米、ビンソン海軍拡張法案成立 11・8 ヒトラー暗殺未遂事件

昭和15年 （1940）73歳
6・24 枢密院副議長
1・8 畑陸相、阿部内閣の進退善処要求 1・14 阿部内閣総辞職 1・16 米内内閣成立（陸相畑俊六、海相吉田善吾留任） 1・21 浅間丸臨検事件 1・26 日米通商航海条約失効 7・5 七・五事件（米内首相ら暗殺）（不発） 7・7 近衛文麿、新体制の所信発表 7・16 米内内閣総辞職 7・22 第二次近衛内閣成立（陸相東條英機、海相吉田善吾、外相松岡洋右） 8・1 政府、基本国策公表 9・5 吉田海相辞任、後任及川古志郎 10・12 大政翼賛会発足 11・24 西園寺公死去 11・27 駐米大使に野村吉三郎を任命 12・6 内閣情報局設置
3・12 ソ連、フィンランド和平協定締結 3・30 汪兆銘の南京政府成立 4・9 独軍、ベルギー、オランダ、ルクセンブルグに進撃開始 5・7 米艦隊のハワイ常駐を発表 5・10 英チャーチル内閣成立 5・15 オランダ、独に降伏 5・17 独軍、マジノ線突破 5・28 ベルギー、独に降伏 6・10 伊、対英仏宣戦 6・14 独軍、パリ入城 6・17 仏ペタン内閣成立、独に全面降伏 9・23 日本軍、北部仏印進駐 9・27 日独伊三国同盟署名 10・5 米海軍長官、日独伊に応戦の用意ありと演説 10・12 米大統領、援英援蒋継続を宣言 10・28 伊、ギリシャと開戦 12・18 ヒトラー、明年五月までに対ソ戦準備を発令

昭和16年 （1941）74歳
2・11 野村駐米大使ワシントン着 3・12 独伊訪問の松岡外相東京発 4・9 伏見宮軍令部総長辞任、後任永野修身 4・12 日ソ中立条約妥結 4・22 松岡外相帰朝 7・2 情勢の推移に伴う国策要綱決定（御前会議） 7・16 近衛内閣総辞職 7・18 第三次近衛内閣成立（陸相東條英機、海相及川古志郎、外相豊田貞次郎） 7・25 米、在米日本資産凍結 7・26 英、在英日本資産凍結 7・28 日本軍、南部仏印進駐 9・6 帝国国策遂行要領決定（御前会議） 10・8 英米蘭、対日全面禁油協定発表 10・16 近衛内閣総辞職 10・18 東條内閣成立（陸相首相兼任、海相嶋田繁太郎、外相東郷茂徳） 11・26 米、ハル・ノートを野村大使に手交す
1・8 米、全艦隊を太平洋、大西洋、アジアの三艦隊に編成 1・10 独ソ友好協定成立 2・17 在北支米駐屯軍の引揚開始 3・11 米、武器貸与法成立 4・25 米大統領、全海洋に哨戒採用言明 5・6 スターリン、ソ連首相に就任 5・10 独副総統ヘス、英国に飛行 6・14 米、独伊の在米資産凍結 6・22 独、対ソ宣戦布告 6・24 米大統領、対ソ援助を言明 8・14 米英首脳大西洋上会談、大西洋憲章を発表 9・20 独軍、キエフ占領 10・15 ソ連政府と外交団はクイビシエフに移転 10・24 独軍、ハリコフ占領 11・10 チャーチル英首相、日米開戦と同時に対日宣戦すと演説 12・8 米・英・蘭・蔣・豪・中米諸国、対日宣戦布告 12・11 独伊、対米宣戦

	昭和17年 （1942）75歳
12・1 御前会議、対米英蘭開戦を決定 12・8 対米英宣戦布告、真珠湾攻撃 12・10 日本軍ルソン、グアム上陸 マレー沖海戦	1・3 マニラ占領 1・20 衣料切符制実施 2・15 シンガポール占領 2・27 スラバヤ沖海戦 3・7 戦争指導大綱決定（大本営・政府連絡会議） 3・9 蘭印軍降伏、ジャワ占領 4・18 米機、日本本土空襲 5・7 コレヒドール占領サンゴ海海戦 6・5 ミッドウェー海戦 8・7 米軍ガダルカナル上陸 9・1 東郷外相辞任（9・17 後任、谷正之） 10・25 南太平洋海戦 11・1 大東亜省設置（拓務省廃止） 12・31 大本営、ガダルカナル撤退を決定
12・23 米英首脳戦争指導会議（ワシントン） 12・26 米英蔣、軍事同盟締結発表	1・1 二十六ヵ国反枢軸共同宣言調印 2・6 米英連合参謀本部設置 2・7 米英連合軍需品配給部設置 2・23 英米相互援助協定 3・17 マッカーサー比島脱出豪州着 3・30 米英豪中ワシントン軍事会議 4・19 マッカーサー、南西太平洋反枢軸軍司令官に就任 5・26 英ソ相互援助条約 6・11 米ソ相互援助条約 6・20 米英首脳会談（ワシントン） 6・25 独軍エジプト進攻 8・12 英ソ首脳会談（モスクワ） 9・15 独軍、スターリングラード市内突入 11・8 連合軍北アフリカ進攻 11・20 スターリングラードのソ連軍反攻

年	本人	国内	海外
昭和18年 （1943）76歳		1・20 日独、日伊経済協定調印 2・7 ガダルカナルの日本軍撤退完了 4・18 連合艦隊司令長官山本五十六戦死 4・20 外相に重光葵を任命 5・30 アッツ島守備隊玉砕発表 8・22 キスカ守備隊撤退発表 9・15 日独伊、三国同盟を再確認 9・30 御前会議にて絶対防衛線をマリアナ、カロリン、西ニューギニアに後退を決定 11・1 軍需省など設置 12・24 徴兵適齢を満十九歳に引き下げ決定 12・25 マキン、タラワ両島守備隊全滅	1・4 米英首脳カサブランカ会談 2・2 スターリングラードの独パウルス軍降伏 2・14 独軍ロストフ撤収 4・12 独軍、レニングラード攻撃再開 5・12 北アフリカ戦線の独伊降伏 7・10 連合軍シシリー島上陸 7・25 伊首相ムッソリーニ失脚（後任バドリオ） 8・17 米英首脳の第一次ケベック会談開く 9・2 連合軍イタリア本土上陸開始 9・8 イタリア無条件降伏 10・14 フィリピン独立宣言 11・22 米英支首脳カイロ会談 11・28 米英ソ首脳テヘラン会談
昭和19年 （1944）77歳	8・10 枢密院議長	1・18 閣議、緊急国民勤労動員方策、国民決戦生活の二要綱を決定 2・21 東條陸相と嶋田海相、それぞれ参謀総長、軍令部総長を兼任 2・29 決戦非常措置要綱発表（高級娯楽禁止）、食糧増産に学生五百万人の動員計画決定	1・9 東部戦線にてソ連軍攻勢開始 1・11 伊国チアノなど処刑さる 4・2 ソ連軍、ルーマニアに進攻 4・11 ロンドンにて米英外相会議 6・4 米英軍ローマ占領 6・6 連合軍ノルマンディー上陸（第二戦線結成）

3・18 女子挺身隊の強化方策決定
3・29 中学生の勤労動員決定
3・31 古賀連合艦隊司令長官戦死
6・15 米軍マリアナ来攻
6・19 マリアナ沖海戦
7・7 サイパン島守備隊全滅
7・17 小学校児童の集団疎開方策決定、海相更迭（嶋田繁太郎辞任、後任野村直邦）
7・18 東條内閣総辞職
7・22 小磯・米内内閣成立（陸相杉山元、海相米内光政）
8・2 軍令部総長に及川古志郎を任命
8・5 最高戦争指導会議設置
9・18 満十八歳以上を兵役に編入
10・12 台湾沖航空戦
10・20 米軍レイテ島上陸
10・23〜26 フィリピン沖海戦
10・25 神風特別攻撃隊敷島隊出撃
11・24 サイパンのB29による東京初空襲

7・1 ブレトン・ウッズ会議開く
7・3 ソ連軍ミンスク奪回
7・20 ヒトラー暗殺未遂事件
8・15 連合軍南仏上陸
8・21 ダンバートン・オークスで米英ソ代表会議
8・24 ルーマニア停戦
8・25 連合軍パリに進入
9・4 ソ連軍ハンガリー進入
9・8 ブルガリア、対独宣戦
9・11 米英首脳の第二次ケベック会談
9・17 連合軍空挺部隊オランダに降下
9・19 ソ連、フィンランド休戦協定
10・9 チャーチル訪ソ、スターリンと会談
10・28 ブルガリア、連合軍と休戦条約締結
12・10 仏ソ同盟相互援助条約締結
12・16 独軍、アルデンヌで反攻
12・28 ハンガリー、対独宣戦

年	事項	日本	世界
昭和20年 (1945) 78歳	4・7 内閣総理大臣 (兼) 外務大臣大東亜大臣 8・15 内閣総辞職 12・ 枢密院議長	1・9 米軍ルソン島上陸 1・20 大本営、本土決戦に関する作戦大綱を決定 2・19 米軍、硫黄島に来攻 3・10 米軍機の東京大空襲 4・1 米軍、沖縄に来攻 4・5 小磯内閣総辞職、ソ連、日ソ中立条約の不延長を通告 5・11 最高戦争指導会議、極秘裏に和平方策協議 5・25 東京大空襲、皇居炎上、帝都過半焦土化 6・22 天皇、最高戦争指導会議構成員に終戦工作を指示 7・12 天皇、近衛に和平斡旋のため訪ソを下命 7・28 鈴木首相、記者団にポツダム宣言黙殺、戦争邁進を声明 8・6 米軍、広島に原爆投下 8・10 ポツダム宣言受諾の聖断 8・14 連合国の回答に対する最後の御前会議、第二回の聖断にて受諾の回答、終戦の詔書発布、終戦阻止の兵変頻発	1・17 ソ連軍ワルシャワ奪回 2・4 米英ソ首脳のヤルタ会談 2・23 トルコ、連合国側に参加 2・28 ソ連軍ダンチヒ突入 3・6 ユーゴにチトー政権成立、ベトナム独立宣言 4・12 ルーズベルト米大統領死去(トルーマン副大統領昇格) 4・28 伊ムッソリーニ処刑さる 4・29 北伊の全独軍降伏 5・1 ヒトラー自決、デーニッツ独総統となる 5・2 ベルリン陥落 5・7 独、無条件降伏 7・16 米ニューメキシコの原爆実験に成功 7・17 米英ソ首脳のポツダム会談(8・2まで) 7・26 ポツダム宣言発表 7・27 英アトリー内閣成立 8・8 ソ連、対日宣戦布告 8・9 トルーマン、全米放送で日本の即時降伏勧告

		昭和21年 (1946) 79歳
		1・ 八十歳につき鳩杖を賜う
	8・15 戦争終結の玉音放送 8・17 東久邇宮内閣成立 9・2 ミズリー艦上にて降伏文書署名 9・11 戦犯容疑者に逮捕指令、東條英機自殺未遂 10・5 東久邇宮内閣総辞職 10・9 幣原内閣成立 11・30 陸海軍両省廃止 12・1 戦犯容疑者五十九名に逮捕指令 12・16 近衛文麿自殺 12・28 極東委員会、日本管理理事会設置	1・1 天皇、年頭詔書で神格を否定 1・4 総司令部、軍国主義指導者の公職追放を命令 2・23 山下奉文大将、マニラで処刑さる 2・25 新旧円の交換実施 3・6 憲法改正の詔書 4・10 戦後第一回の衆議院総選挙、初の婦人代議士三十九名当選 4・22 幣原内閣総辞職 5・3 極東国際軍事裁判、東京法廷で開かる
	8・14 マッカーサー、連合軍最高司令官に任命さる 8・16 マッカーサー、即時停戦を指令 8・27 連合国艦隊、相模湾入港 8・28 連合軍、日本進駐開始 8・30 マッカーサー、厚木進駐 9・2 ベトナム民主共和国独立宣言 10・24 国際連合成立	1・10 国際連合第一回総会ロンドンで開かる 2・19 ソ連最高会議、千島、南樺太の領有宣言 2・20 北朝鮮平壌に人民政府樹立 7・4 フィリピン共和国独立宣言 7・27 パリ和平会議開かる 9・30 ニュールンベルグ国際軍事裁判最終判決

年	事項	国内	海外
		5・22 吉田茂内閣成立 10・10 日本国憲法案、議会で可決成立 11・3 日本国憲法公布	
昭和22年（1947）80歳		5・3 日本国憲法施行 5・20 吉田内閣総辞職 5・31 片山哲内閣成立 10・14 十四宮家、皇族を離籍 11・2 総司令部、財閥解体を指令 12・29 内務省を廃止	3・12 トルーマン・ドクトリン（ギリシャ、トルコ援助）発表 6・5 マーシャル・プラン（米国の欧州復興援助計画）発表 9・2 米州共同防衛条約調印（地域的安全保障体制のさきがけ） 10・5 コミュンフォルム結成 11・6 モロトフ・ソ連外相、原爆は秘密兵器でないと言明
昭和23年（1948）	4・17 千葉県関宿町自宅において死去 菩提寺郷里実相寺に埋葬	2・10 片山内閣総辞職 3・10 芦田均首班、民主・社会連立内閣成立 3・15 民主自由党結成、総裁吉田茂 10・7 芦田内閣総辞職 10・19 第二次吉田内閣成立 11・12 極東裁判判決（東條英機ら七名に絞首刑） 12・24 東條ら七名処刑さる	1・4 ビルマ共和国独立宣言 1・6 ロイヤル米陸軍長官、日本を全体主義の防壁にすると演説 2・25 チェコ政変、共産党内閣出現 6・19 ソ連、ベルリン封鎖開始 8・15 大韓民国樹立宣言 9・9 朝鮮民主主義人民共和国成立宣言 12・16 中国人民解放軍、北京に無血入城

単行本　平成七年十月　光人社刊

NF文庫

終戦時宰相 鈴木貫太郎 新装版

二〇二二年七月二十二日 第一刷発行

著 者 小松茂朗

発行者 皆川豪志

発行所 株式会社 潮書房光人新社

〒100-8077 東京都千代田区大手町一-七-二

電話／〇三-六二八一-九八九一(代)

印刷・製本 凸版印刷株式会社

定価はカバーに表示してあります

乱丁・落丁のものはお取りかえ

致します。本文は中性紙を使用

ISBN978-4-7698-3272-0 C0195

http://www.kojinsha.co.jp

NF文庫

刊行のことば

第二次世界大戦の戦火が熄《や》んで五〇年——その間、小社は夥しい数の戦争の記録を渉猟し、発掘し、常に公正なる立場を貫いて書誌とし、大方の絶讃を博して今日に及ぶが、その源は、散華された世代への熱き思い入れであり、同時に、その記録を誌して平和の礎とし、後世に伝えんとするにある。

小社の出版物は、戦記、伝記、文学、エッセイ、写真集、その他、すでに一、〇〇〇点を越え、加えて戦後五〇年になんなんとするを契機として、「光人社NF（ノンフィクション）文庫」を創刊して、読者諸賢の熱烈要望におこたえする次第である。人生のバイブルとして、心弱きときの活性の糧《かて》として、散華の世代からの感動の肉声に、あなたもぜひ、耳を傾けて下さい。